KB041625

설민석의 무도 한국사 특강

휴먼큐브

설민석의 무도 한국사 특강 : 사건 편 2

1. 100만 인구로 2억을 지배하다, 몽골의 침입과 항전 ✿ 007

2. 이성계가 말 머리를 돌리던 그날 1 ✿ 023

3. 이성계가 말 머리를 돌리던 그날 2 ✿ 037

4. 교과서 밖의 진짜 임진왜란 이야기 1 ✿ 055

5. 교과서 밖의 진짜 임진왜란 이야기 2 ✿ 081

6. 그곳에 학생들이 있었다, 3·1운동 ✿ 105

7. 누가 방아쇠를 당겼는가? 민족의 비극 6·25전쟁 ✿ 121

8. 그리 멀지 않은 이야기, 민주화 운동 1 ✿ 135

9. 그리 멀지 않은 이야기, 민주화 운동 2 ✿ 155

10. 어쩌면 우리와 가장 가까운 이야기, 노동 운동과 전태일 ✿ 175

본문 자료 출처 ✿ 193

칭기즈칸의 몽골과 대몽 항쟁 13세기 초에 몽골제국을 수립한 칭기즈칸은 주변 국가를 차례로 정복하여 대제국을 이루었다. 이 과정에서 고려 역시 40여 년에 걸쳐 전쟁을 벌이며 강화도로 수도를 옮기는 등 몽골에 저항했으나, 결국 복속해 이후 고려의 많은 문화와 풍속이 몽골의 영향을 받았다.

100만 인구로 2억을 지배하다, 몽골의 침입과 항전

어릴 적에는 역사를 공부할 때 전 세계를 호령한 정복자나 위대한 전쟁 군주에게 왠지 더 눈길이 가곤 했습니다. 나폴레옹이나 알렉산드로스 등 '대왕' 칭호가 붙는 인물들 말이에요. 철없던 시절의 저는 역사 속 화려한 승리나 어마어마한 영토 확장에 매력을 느꼈던 모양입니다. 하지만 시간이 지나면서 그들이 저질렀던 실수나 악행, 전장의 비극도 알게 되는가 하면, 그들의 정복 전쟁이 후대에 미친 문화적 영향력도 좀더 주의 깊게 바라보게 되었습니다. 지금 소개해드릴 칭기즈칸 역시 세계의 상당 부분을 지배했던 무시무시한 정복자였습니다. 그의 정복 활동은 많은 것을 바꾸어놓았고, 그 흔적은 지금도 우리 곁에 남아 있습니다. 역사상 최고의 정복 군주 칭기즈칸, 그의 흔적을 찾아 떠나볼까요?

유목민족에 대한 이해

몽골의 전쟁사를 짚어보는 일은 여전히 흥미롭습니다. 인구가 많지도 않았고, 우수한 문화도 없었던 몽골이 어떻게 유라시아를 지배할 수 있었는지 상당히 궁금하죠. 몽골족은 기본적으로 유목민입니다. 유목민은 한곳에 정착해 농사를 지으며 살아가는 농경민족과는 반대로 양이나 말을 키울 수 있는 목초지를 찾아 이동하며 살아갑니다. 상대적으로 농경민족에 비해 문화적 수준이 떨어진다고 생각하는 경우가 있는데, 이는 잘못된 생각입니다. 유목민족은 정착생활을 하지 않다 보니, 들고 다닐 수 없는 웅장한 건물이나 이동에 방해가 되는 조형물 같은 것을 만들 필요가 없었을 뿐이죠. 농경민족과 유목민족은 전쟁을 일으키는 이유도 다릅니다. 농경민족은 농사를 지을 토지를 빼앗고 노예를 획득하기 위해 전쟁을 벌입니다. 그러나 유목민족은 목초지 확보와 재물의 약탈이 목적이지요. 물론 유목민족이 훨씬 더 호전적인 특성을 띱니다.

12세기 중반에 태어난 칭기즈칸 역시 몽골의 유목민족 출신입니다. 어렸을 때는 아버지가 독살당하는 등 매우 힘든 시기를 보냈습니다. 그러다가 점점 세력을 키워 13세기 초에 몽골을 통일하고 군사 조직을 재편하면서 마침내 세계를 정복할 만한 최고 수준의 기마병 군단을 완성합니다. 이 군대는 중국을 시작으로 중앙아시아, 서남아시아, 러시아와 동유럽 대부분의 지역을 몽골의 영토로 편입시킵니다. 전성기 몽골원나라은 인류 역사상 두번째첫번째는 대영제국로 큰 나라였습니다. 현대의 몽골인들에게도 칭기즈칸은 국가의 상징이나 다름없는 인물입니다. 지폐에도 등장하고, 지명으로도 활용되며, 집집마다 칭기즈칸 초상화가 걸려 있을 정도니까요.

전쟁의 기술

　대체 어떤 힘이 있었기에 몽골은 그토록 넓은 지역을 지배할 수 있었을까요. 무엇보다 몽골인들은 오랜 유목 생활을 통해 기마와 궁술에 특화된 뛰어난 마궁수馬弓手들이었습니다. 몽골 군대의 상징은 기병입니다. 몽골인들은 세 살 때부터 말 위에 오르는 경험을 해서 일곱 살만 되어도 승마에 능숙해집니다. 말과 거의 한 몸이나 다름없이 살다 보니 체형 자체가 아예 안짱다리였습니다. 따라서 기병전에서는 당해낼 군대가 없었지만 거꾸로 말 없이 맞붙는 백병전에는 대단히 취약했어요.

이러한 몽골 기병의 첫번째 강점은 기동력입니다. 당시 몽골 기병은 하루에 최대 70킬로미터가량 이동을 한 적도 있습니다. 이게 당시 기준으로 얼마나 빠른 건지 감이 안 오실 텐데요. 임진왜란 때 일본군 보병이 서울까지 오는 데에는 20일 조금 넘는 시일이 걸렸어요. 서울에서 부산까지 400킬로미터쯤이라고 치면 하루에 20킬로미터씩 전력으로 전진을 한 셈이죠. 이렇게 따져보면 몽골 기병이 부산에서 서울까지 진격하는 데에는 6일이면 충분하다는 계산이 나옵니다. 상상이 되시나요? 이렇게 빠르다 보니 상대 입장에서는 몽골이 쳐들어온다는 소식을 듣자마자 공격을 받는 격이었죠.

그런데 전쟁에서는 군대가 빨리 움직인다고 해서 무조건 좋은 것만은 아닙니다. 보통 군대는 전투부대만 독자적으로 움직이지 못해요. 군인들이 먹고 자고 쉬면서 무기를 보충할 수 있게 지원하는 보급부대가 반드시 따라와야 하죠. 전쟁 역사에서 보급 문제는 항상 승패를 가르는 중요한 요인이었습니다. 만약 몽골 기병의 속도를 보급부대가 따라가지 못한다면 기병들은 굶어 죽고 말겠죠.

놀랍게도 몽골은 보급부대를 따로 두지 않았습니다. 대신 기병 한 명이 자기가 타고 가는 말 외에 5~10마리 정도의 말을 같이 데리고 다녔어요. 그래서 타고 있던 말이 지치면 바로 새 말로 갈아탈 수 있었습니다. 그리고 이 말들은 유럽이나 다른 지역의 말들에 비해 강인해서 먹이를 잘 먹지 못하거나 날씨가 좋지 않은 상황에서도 오래 버틸 수 있었다고 합니다. 그러다 보니 별도로 말의 먹이를 들고 다니지 않고, 각자의 기병이 자신의 식량만 일부 챙기면 됐어요. 덕분에 몽골 부대는 보급에 대해 큰 걱정 없이 빠르게 진격할 수 있었습니다.

몽골이 승승장구한 비결 중 두번째로는 공포심을 유발하는 심리전을 들 수 있습니다. 몽골군은 상대에게 이제까지 경험한 적과는 차원이 다른 두려움이었습니다. 보통 전쟁이 일어나 한쪽이 상대 영토를 점령하면 주민들을 노예로 삼거나 약탈하는 일은 꽤 있었지만, 아예 그 마을을 없애버리거나 사람들을 모두 죽여버리는 일은 극히 드물었어요. 그런데 몽골 군대는 항복만 하면 여러모로 자비를 베풀었지만 저항하면 인정사정 보지 않고 격파한 후 모든 군인과 마을 사람을 잔인하게 학살했습니다. 마을과 도시에 온통 불을 질러 주거지와 농지를 폐허로 만들어버렸죠. 몽골인은 노예도 영지도 필요 없는 유목민들이었으니까요. 특히 러시아를 정복하는 과정에서 이런 일이 잦았어요. 그 유례없는 잔인

함이 유럽에 전해지면서 유럽의 기사들은 싸워보기도 전에
겁을 먹었고 사기는 땅에 떨어져버렸습니다. 그리고 곳곳에
폐허가 늘어나게 되었죠.

중세 유럽의 기사

　　세번째로 몽골 기병은
전술적으로도 매우 뛰어났
습니다. 그들이 유럽을 공
격했을 때를 예로 들어볼
까요? 유럽 기사들은 매우
뛰어난 전투력을 보유하고
있었지만 몇 가지 문제도
있었습니다. 그중에서 치명
적인 부분이 기동력이었습
니다. 일단 장비가 너무 무
거웠어요. 당시 유럽에서는
중무장이 발달하면서 베거나 찌르는 무기인 칼은 비효율적
이었습니다. 그런 까닭에 기사들의 무기는 상대의 갑옷을
뚫는 것이 아니라 부수는 형태가 대부분이었죠. 이런 무기
들은 무거울 수밖에 없고, 또한 이 무기들을 막기 위한 방패
와 갑옷은 더더욱 두꺼워질 수밖에 없었습니다. 나중에는
갑옷이 너무 무거워져 갑옷을 입고는 제대로 걷거나 말에

혼자 오를 수조차 없었죠. 전신 갑옷의 경우 보통 무게가 30~40킬로그램 정도였으니 그 체감 무게는 실로 엄청났을 것입니다.

전투가 벌어지면 처음엔 체격이 작은 몽골 기병들을 얕잡아 본 기사들이 신나게 돌격합니다. 몽골 기병은 최초 공격을 피해 한참을 후퇴하죠. 기사들은 열심히 추격하고요. 일종의 유인책에 말려든 것인데, 어느 정도 추격을 하다 보면 힘은 좋지만 지구력이 뛰어나지 않은 서양의 말들은 그러지 않아도 무거운 기사를 태우고 달리다 금방 지쳐버려요. 반대로 몽골의 말들은 오래달리기에 능했죠. 더군다나 몽골 군사들은 몸무게도 적게 나가고, 갑옷 대신 여러 겹의 얇은 천을 덧대는 방식의 군복을 입었기 때문에 말도 체력적 부담이 훨씬 덜했습니다. 결국 유럽 말이 지쳐 기동력을 상실하면 몽골 기병은 이 말을 활로 쏘아 기사들의 전열을 무너뜨렸습니다. 그후 우왕좌왕하는 기사들을 포위한 뒤 주변을 빙글빙글 돌며 활을 쏘거나 돌을 던졌습니다. 그렇게 서서히, 아주 서서히 죽였던 겁니다.

고려, 몽골에 맞서다
이렇게 막강한 몽골, 우리나라는 어떻게 대처했을까요?

몽골 기병 몽골군이 사용했던 활은 나무, 동물의 뿔과 힘줄 등을 이용해 만든 합성궁에 속했다. 짧고 가벼우며 최대사거리 1킬로미터, 유효사거리 300미터에 이르는 강력한 무기였다. 몽골군은 별다른 짐 없이 가죽 부대에 물을 담아서 휴대하다가 강을 건널 때 이것을 부낭(헤엄칠 때 몸이 잘 뜨게 도와주는 기구)으로 썼다. 그들은 전속력으로 달리는 말 등에서도 정확하게 활을 쏠 수 있었으며, 말 위에서도 잠을 잘 수 있어서 상황에 따라서는 밤낮으로 말을 바꾸어 타고 계속 전진할 수 있었다.

세계를 다 집어삼키려 했던 몽골이 멀지 않은 고려를 그냥 둘 리 만무하죠. 당시 고려는 장군들이 높은 자리에 올라 정책을 결정하던 무신 집권기였습니다. 몽골의 첫번째 침입에서부터 고려는 큰 위기에 빠집니다. 중앙군이 무참히 무너지고 개경까지 함락 위기에 처하게 되었죠.

고려 조정에서는 부랴부랴 몽골에 화친을 제의하고 몽골군을 돌려보냈어요. 몽골군을 돌려보내고 나자 고려 조정에서는 몽골군에 맞서기 위해서 강화도로 수도를 옮기기로 결정했어요. 몽골 군대가 바다에서 싸우는 데 능숙하지 못하다는 점을 이용한 것이죠.

그러자 몽골은 군이 바다를 건너오지 않고 한반도를 마음껏 누비며 특유의 방식대로 나라 곳곳을 불태우고 사람들을 학살합니다. 이때 초조대장경과 황룡사 구층목탑도 소

항몽순의비 제주도 애월읍 고성리 소재. 1977년 삼별초의 호국 정신을 높이 사 항몽순의비를 세우고, 그 정신을 선양했다.

실되어버리죠. 고려 조정이 강화도로 옮겨간 상황에서 누가 남아서 몽골군과 싸웠을까요? 승려 김윤후 등이 처인성에서 몽골군의 대장인 살리타를 죽이고, 곳곳에서 백성들이 의병으로 활약하며 몽골군과 맞섰습니다. 그러나 끝까지 몽골을 막아낼 수는 없었어요. 나라 전역이 잿더미가 되는 것을 보고만 있을 수 없었던 고려 조정은 끝내 굴복해 개경으로 환도 전쟁 따위의 국난으로 정부가 한때 수도를 버리고 다른 곳으로 옮겼다가 다시 옛 수도로 돌아옴한 후 항복했습니다. 그때부터 고려는 80여 년간 원나라의 직간접적인 지배를 받게 되지요. 이때 중앙 조정의 항복에도 아랑곳없이 끝까지 몽골에 저항한 부대가 삼별초였습니다.

15

이들은 제주도에서 마지막까지 싸우다가 고려의 배를 타고 건너온 몽골군에 진압당하고 말죠. 이런 삼별초의 정신을 기려 '항몽순의비'가 제주도에 세워졌습니다.

몽골, 일본을 공격하다

몽골의 공격을 받고도 지배당하지 않은 나라는 사실 많지 않은데, 그중 하나가 바로 일본입니다. 몽골의 요구에도 일본이 조공을 바치지 않자 1274년에 몽골은 일본 정벌을 감행했습니다. 내정간섭 기구를 설치해 고려를 통치하던 몽골은 고려의 인력과 물자를 동원해 배를 만들었죠. 장기간 몽골의 침략을 받아 국력이 약해진 고려는 배를 만들고 전쟁 물자를 대느라 국가적으로 크나큰 어려움을 겪었습니다. 어쨌든 몽골과 고려가 연합한 여몽연합군이 일본 출정에 나서게 됩니다.

흔히 태풍 때문에 몽골이 일본 정벌에 실패한 것으로 알려져 있는데, 태풍이 유일한 이유는 아니었어요. 태풍을 만나 아예 일본에 닿지도 못한 게 아니라 일본 본토에 상륙하는 데까지는 성공을 했거든요. 하지만 일본의 저항이 워낙 강력한 데다가 몽골 군사들의 사기가 저하된 부분도 있었고, 때마침 태풍까지 들이닥친 것이죠. 두 번에 걸친 정벌에서 군사와 배를 모두 잃은 몽골은 결국 일본 공격을 포기합니다. 일본은 이 경험을 토대로 본토 방어에는 상당한 자신감을 얻었던 거 같아요.

원나라 간섭기

일본까지 손에 넣는 데는 실패했지만, 그렇다고 몽골이 고려에서 쉽사리 물러나지는 않았겠죠? 일제강점기의 두 배가 넘는 80여 년의 시간 강화 협상이 시작된 1259년부터 공민왕이 쌍성총관부를 수복한 1356년까지를 원 간섭기로 보기도 한다 이 흐르는 동안 고려는 사회 전반에 걸쳐 몽골의 영향을 받았고 그 흔적은 지금까지 남아 있습니다. 특히 지리적으로 고립된 제주도에서 몽골의 흔적을 쉽게 찾을 수 있어요. 대표적인 것이 제주도의 말입니다. 우리 속담 중에 사람은 서울로 보내고 말은 제주도로 보내라는 말이 있죠. 그만큼 제주도가 말을 키우기 좋은 환경이라는 뜻인데요, 이 유래가 몽골의 지배에서 나온 겁니다. 언제어디서든 말이 필요했던 몽골은 160필 정도의 말을 제주도에 데려와 키웠습니다. 한반도에는 초지대가 많지 않은데, 말을 키우기 좋은 환경이 조성된 제주도는 이후 우리나라에서 좋은 말을 길러내는 대표적인 지역으로 거듭납니다.

몽골 지배의 흔적은 우리나라 지명에서도 찾아볼 수 있습니다. 당시 고려가 몽골에 영향을 준 문화 중 하나가 매를 키우는 풍습이었어요. 매를 애완용으로 키웠던 고려의 유행이 몽골로 번져 나중에는 고려에서 매를 키워 몽골에 바치게 되는데요. 당시 매를 키웠던 곳을 '응방'이라고 부릅니다. 오늘날 서울의 응암동과 응봉동이라는 지명이 이 응방과 관련이 있을 것이라 추정되고 있어요. 응암鷹巖의 한자를 풀면 '매바윗골'이라는 뜻이거든요. 이처럼 지명이라는 건 한번 붙여지면 쉽게 바뀌지 않기 때문에 역사를 알려주는 힌트가 되는 경우가 많습니다.

우리가 쓰는 말에도 몽골어가 있답니다. 일단 궁중 풍습과 관련된 용어들이 있습니다. 몽골 공주들이 우리나라로 시집오게 되면서 여러 가지 몽골의 언어도 따라 들어옵니다. 왕과 왕비에게 붙이는 '마마', 여자 상전의 존칭이었던 '마누라', 임금의 음식인 '수라', 궁에서 시중을 드는 여종을 지칭하는 '무수리' 등이 그 예입니다. 또 몽골어에서 '치'는 직업을 뜻하는 말인데요, '벼슬아치'나 '장사치'에서 접미사 격인 '치'는 '다루가치몽골에서 파견한 관리' '조리치청소부' '화니치거지' 등의 몽골어와 맥락을 같이합니다. 앞서 몽골인들이 매를 좋아했었다고 말씀드렸죠? 매의 종류인 '보라매'나 '송골매'도 몽골어에서 파생된 말입니다.

이게 끝이 아닙니다. 의식주에 걸쳐 다방면에서 몽골의 유산을 찾을 수 있어요. 옛날에는 결혼식 날 신부가 족두리를 쓰고 볼에 연지 곤지를 찍었는데, 이것이 몽골에서 들어온 풍습입니다. 우리나라를 대표하는 술인 소주 또한 몽골이 일본 정벌을 준비하는 과정에서 들어온 것이랍니다.

개인적으로는 정수리부터 앞이마까지 머리를 빡빡 깎고 가운데 머리카락은 뒤로 땋아 내리는 독특한 헤어스타일인

변발이 사라진 게 참 다행이라고 생각합니다. 원 간섭기에는 이 머리가 엄청 유행했었거든요.

　반대로 고려에서 몽골에 전파한 문화도 있습니다. 고려를 비롯해 여러 국가의 항복을 받아낸 원나라는, 자신들에게 항복한 병사들에게 배우자를 마련해준다는 명분으로 고려의 여성들을 데려갔어요. 이렇게 끌려간 여성들을 공녀貢女라고 부르는데, 원나라로 간 공녀들이 고려의 풍습을 전파했습니다. 특히 고려의 복식과 만두, 떡 등의 음식이 급속도로 몽골에 퍼져 아직도 몽골에서는 고려만두, 고려의 떡인 고려병高麗餠이라는 용어가 사용되고 있다고 해요. 이처럼 80여 년의 원 간섭기 동안 몽골과 고려는 서로 많은 영향을 주고받았습니다.

　칭기즈칸, 몽골이라고 하면 아주 먼 역사라고 생각하기 쉬운데, 이제 조금이나마 가깝게 느껴지나요? 물론 나라를 빼앗기고 다른 나라의 지배를 당했던 건 슬픈 역사입니다. 그러나 역사는 그렇게 흘러갔고, 그 사실 자체를 부정할 수는 없죠. 그 아픈 역사가 남긴 흔적이 흐르고 흘러 이제까지 우리 곁에 존재한다면 그 또한 알아야 할 우리의 역사일 것입니다. 최근 몽골은 남북한 동시 수교국으로 한반도와 우호적인 관계를 맺고 있고, 몽골 사람들은 한국을 꿈의 나라로 생각하며 한글 공부도 열심히 한다고 합니다. 나중에 몽골과 우리가 더욱 가까워질 때, 과거의 역사가 남긴 여러 가지 끈들이 긍정적인 역할을 하지 않을까 기대해봅니다.

위화도회군(1388)　　고려 왕권이 무너지고 이씨 조선이 성립하는 결정적 계기가 된 사건. 요동을 정벌하기 위해 출전한 이성계가 국가의 명을 거스르고 위화도에서 회군해 개경을 점령하고 정권을 장악하였다.

이성계가 말 머리를 돌리던 그날 1

조선왕조를 건국한 태조 이성계는 과연 언제부터 역사 전반에 등장했을까요? 많은 분들이 이성계가 위화도에서 말 머리를 돌려 개경으로 향했던 위화도회군을 떠올리실 겁니다. 실제로 이성계는 이 위화도 사건을 계기로 새 시대를 열 수 있는 기회를 잡았고, 자신의 힘으로 고려 조정을 장악할 수 있었습니다. 그렇다면 이성계 혹은 그의 가문은 언제부터 고려 역사 속에 등장해 새 시대의 주인공이 되었던 걸까요?

이성계의 가문이 역사 속에 확실하게 나타나기 시작한 것은 무신 집권기였습니다. 이성계의 고조부인 이안사는 전주에 기반을 둔 토호^{향촌에 지지기반을 둔 세력}였습니다. 이안사는 당시 전주에 파견된 지방관과의 마찰로 처벌을 피해 현재 함경남도 완산^{영흥만} 지역으로 이주를 하게 되지요. 그때 이후 그의 집안은 이성계에 이르기까지 함경도에 거주하며 세력 기반을 닦아나갔습니다.

이후 원 간섭기가 시작되고 함경도 지역에 쌍성총관부가 설치되면서 이성계 가문은 고려의 관직을 버리고 원나라에 투항하여 원나라의 관직을 받기도 했죠. 사실상 고려의 가장 변방에서 고려가 겪는 변화를 가장 먼저 확인할 수 있었던 것 아닌가 하는 생각이 듭니다.

이성계 가문은 쌍성총관부의 친원 세력과 혼인관계를 맺기도 했으나, 공민왕 때 다시 고려 조정으로 돌아와 공민왕의 반원 정책에 적극적으로 협조합니다. 쌍성총관부를 공격해 함경도 일대를 탈환하는 데도 이성계 가문의 역할이 컸습니다. 그 집안의 협조가 없었다면 쌍성총관부 탈환은 오랜 시간이 걸렸을지도 모릅니다. 이성계 가문은 이미 공민왕 때부터 함경도 지역의 무인으로 고려 조정에 큰 영향력을 행사할 수 있는 기반을 갖추고 있었던 것입니다.

많은 분들이 위화도회군을 통해 이성계가 역사의 전면에 등장하게 되었다고 생각합니다. 물론 위화도회군은 조선왕조 개창에 있어서 무척이나 결정적인 사건이었습니다. 그러나 그 사건에 앞서, 그의 등장 이전부터 존재했던 이성계 가문의 세력 기반과 그의 가문이 겪었던 역사적 순간, 그리고 그들이 바꾸어놓았던 작은 역사적 흐름이 이성계를 고려 말의 주인공으로 만들었던 것이 아닌가 하는 생각도 해봅니다.

신궁 이성계

그럼 이번 사건의 주인공 이성계를 간략하게 소개하도록 할게요. 이성계는 함경도 출신으로 어려서부터 말을 잘 타고 궁술에 뛰어났습니다. 이성계가 이름을 떨친 건 무武의 영역이었어요. 만약 이성계가 고려 말 격동기가 아닌 평화로운 시기에 태어났다면 별로 유명한 인물이 되지 못했을 겁니다. 왕은 하늘이 내린다 하고, 영웅은 난세에 출현한다고 하죠. 종말을 앞둔 나라가 보통 그러하듯 고려 말은 상당히 혼란스러운 시기였습니다. 북에서는 홍건적이 쳐들어와 왕이 위협을 느끼고 경북 안동까지 피신하는가 하면, 남으로는 왜구가 창궐하여 백성을 해치고 있었어요. 영웅이 필요하던 시기에 등장한 이가 이성계였고 그는 유감없이 그 역할을 수행해냈습니다.

이성계는 남과 북을 가리지 않고 참전한 대부분의 전투에서 혁혁한 공을 세웁니다. 워낙 무용담이 많고 다수의 전투에서 승리해 그 공적을 일일이 나열하는 것이 무의미할 정도죠. 이성계는 우리 역사를 통틀어 대표적인 명장이었습니다. 전해오는 이야기들 중에도 뛰어난 활솜씨를 증명하는 것들이 많아요. 『태조실록』 기록 중 하나를 보면 이성계

가 왜구와 싸울 당시 백 수십 보나 떨어진 곳에 투구를 세워두고 세 번 쏴서 세 번 다 명중시켜 군사들의 사기를 높였다고 쓰여 있습니다. 1보가 1.2미터 정도 되니까 백 수십 보라면 적어도 200미터쯤 되는 거리였을 거예요. 이성계는 그렇게 먼 거리에서 사람 머리통만 한 투구를 활로 맞혀 명중시키는 실력의 소유자였던 모양입니다. 제가 군에 있을 때 M16 소총으로 150미터 거리에 있는 표적을 맞혀보았었는데요. 그보다 먼 거리에 있는 작은 투구를 활로 쏘아 맞혔다? 믿기 어려운 이야기입니다. 그 외에도 활로 적장의 투구 끈만 끊어버렸다든지, 적군의 왼쪽 눈만 맞혀 쓰러뜨렸다든지 하는 이야기가 실록과 야사를 통해 전해지고 있어요. 그중에는 중국의 전설적인 신궁들 이야기와 유사한 내용도 많아 이성계 영웅화를 위해 살을 붙인 부분도 있어 보이지만, 그가 궁술을 비롯한 무예에 뛰어났던 건 사실인 듯합니다.

숱한 무공을 세운 이성계는 관직이 수직 상승했습니다. 고려시대 중서문하성의 종1품 재신宰臣 관직인 수문하시중까지 승진을 하죠. 그러나 이성계 위에는 최영이 있었습니다. 최영은 고려시대 최고 관직인 문하시중이었거든요. 오늘날로 따지면 국무총리 격이죠. 그때까지 고려는 원나라의 직간접적인 영향권 아래 있었는데, 당시의 지배층은 권문세족이었습니다. 권문세족은 원 간섭기를 거치며 등장한 지배층이었죠. 그러다 보니 권문세족 중에서는 원나라의 힘을 등에 업고 성장한 경우도 있었어요. 최영 역시 대대로 권세를 누린 권문세족이었습니다. 다만 일반적인 권문세족과 달리 무척 검소했다고 합니다. '황금 보기를 돌같이 하라'는 말로 대변되는 인물이 최영이니까요.

정변의 시작

이성계가 마흔 살 때, 고려에서는 공민왕이 죽고 그의 아들 우왕이 어린 나이에 왕위에 올랐습니다. 중국에서는 원나라가 몰락하고 한족이 중심이 된 명나라가 세력을 키우고 있었고요. 그 과정에서 고려

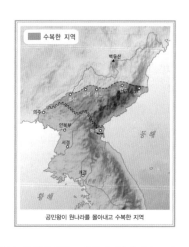

공민왕이 원나라를 몰아내고 수복한 지역

를 방문한 명나라 사신이 상해당하는 사건이 벌어지죠. 이에 분노한 명나라는 고려 영토의 일부를 내놓으라고 요구합

니다. 명나라가 원한 곳은 철령함경남도 안변군과 강원도 회양군 사이에 있는 고개 이북 지역이었는데요. 이곳은 원래 고려의 영토가 아니었다가 공민왕 대에 원나라가 고려를 통치하기 위해 설치한 기관인 쌍성총관부를 무력으로 탈환하고 차지한 땅이었어요. 명나라는 이 지역이 본래 원나라 영토였고, 원나라 세력을 약화한 것이 자신들이니 이 땅 역시 차지할 명분이 있다고 주장했습니다.

나이 어린 왕을 대신해 사실상 국정을 좌지우지하던 최영은 명나라의 요구를 받아들이지 않았습니다. 오히려 군사를 일으켜 명나라를 치자고 왕에게 건의해요. 목표는 고려에서 가까운 요동 지역이었습니다. 최영과 달리 이성계는 현실적인 전력 차이를 들어 반대합니다. 그 당시 고려의 총 병력은 5만 명 내외로 사실상 중국 대륙을 공

위화도 평안북도 신의주시 상단리와 하단리에 걸친 섬. 압록강의 하중도河中島로 강이 운반한 토사가 퇴적되어 이루어졌다. 고려시대에는 대마도大麻島라 하여 국방상 요지였다.

29

략하기에는 턱없이 부족한 숫자였어요.

최영과 이성계는 각자의 주장을 놓고 설전을 벌이게 됩니다. 먼저 이성계는 최영에게 현실적으로 명나라와의 전쟁이 어려운 이유를 4가지로 이야기합니다. 이성계가 주장한 명나라와 전쟁을 하면 안 되는 4가지 이유를 사불가론四不可論이라 하며, 지금까지 그 내용이 전해지고 있지요.

1. 작은 나라가 큰 나라를 거역하는 것은 옳지 않다.
2. (농번기인) 여름에 출병하는 것은 적절하지 않다.
3. 원정군이 나가면 왜구가 그 허를 노릴 염려가 있다.
4. 장마철에는 활이 제 기능을 발휘하지 못하고, 전염병이 발생할 우려가 있다.

그러나 위와 같은 이성계의 주장에 최영은 조목조목 반박합니다. 일단 명나라는 큰 나라이긴 하지만 현재 북원명나라에 의해 중국 본토에서 몽골 지역으로 쫓겨난 원나라 세력이 세운 나라과 전쟁 중이므로 요동에 대한 방어는 허술하고, 일단 요동을 공격해서 영토를 획득하면 식량을 얻을 수 있다고 보았습니다. 그리고 장마철은 명나라에게도 똑같이 적용되는 것이고, 왜구의 경우 고려를 위협할 정도가 아니라고 했죠.

치열한 설전이 이어졌으나 상관이자 실세였던 최영의 뜻을 거스를 수 없었던 이성계는 할 수 없이 출정에 나섭니다. 군사를 이끌고 명나라와의 경계선이라고 할 수 있는 압록강 지역에 도착했는데, 때마침 장마철이라 폭우에 강물이 불어 군대가 강을 건너갈 수가 없었어요. 압록강 하류에 있는 위화도라는 조그만 섬 앞에서 군대를 멈춘 이성계는 쏟아지는 빗속에서 죽기를 각오하고 우왕에게 편지를 씁니다. 그러나 우왕에게서 돌아온 답변은 전진, 또 전진하라는 이야기였습니다.

말이 통하지 않는다는 걸 깨달은 이성계는 마침내 결단을 내리고 휘하 장수들을 설득합니다. 어차피 이대로 명나라로 진격하면 모두 죽을 테니 차라리 돌아가 최영의 무리를 몰아내고 정권을 잡자는 거였죠. 이 부분에서 역사적인 해석이 좀 갈리는 편입니다. 이성계가 우발적으로 이런 결심을 했는지, 혹은 출병 때부터 쿠데타를 염두에 두고 있었는지에 대해 말이죠. 확실한 증거가 없으니 정확히 알 수는 없지만, 위화도회군은 두 가지가 모두 작용한 결과가 아니었을까요?

현대사에서 비슷한 예를 들어볼까요? 박정희 대통령을 시해한 장본인 김재규는 1979년 10월 26일에 방아쇠를 당겼습니다. 그는 계획적으로 대통령을 시해했을까요? 아니면 우발적으로 저지른 행동이었을까요? 어느 한쪽이라고 단정지을 수가 없습니다. 김재규가 그날 별채에 육군참모총장을 불러놓았었다는 점을 보면 그는 분명 모종의 사태에 대한 준비를 하고 있었습니다. 하지만 그랬다 해도 그때 술자리에서 차지철 경호실장과 벌인 언쟁이나 대통령의 질책이 없었다면 시해로까지 이어졌을지는 알 수가 없는 것이죠.

이성계의 위화도회군도 비슷한 상황이었으리라 생각합니다. 요동 출병은 그 시작부터 잡음이 많았어요. 무리한 출병을 반대하던 문신이 최영에게 죽임을 당하기도 했고, 고려왕조는 이미 힘과 백성의 신임을 잃어가고 있었어요. 또 안에서는 신흥 무인 세력 고려 말 홍건적과 왜구의 침입을 물리치면서 새롭게 떠오른 무인 세력과 신진사대부 고려 말에 등장한 새로운 정치 세력. 원나라에서 들여온 성리학을 공부하고 과거를 통해 관직에 진출하여 개혁을 추진함들이 급격히 성장해 언제 누가 왕위를 위협해도 이상하지 않은 상황이었습니다. 그렇게 위태위태한 가운데 명나라라는 외부 요인이 개입하여 이성계와 최영 사이에 불씨를 당긴 셈이죠. 우연과 필연이 겹쳐져 하나의 결정적 사건을 빚어냈다고 할 수 있습니다.

명분과 제거, 정변의 마무리

이성계는 쿠데타의 명분을 고려의 왕인 우왕에게서 찾았습니다. 단지 부당한 전쟁 지시를 받았다는 이유만으로 쿠데타를 일으킬 수는 없었으니까요. 이성계의 입장에서는 장마철이 이어지며 병사들은 지쳐갔고, 현실적으로 명나라를 공격했다가는 어떤 일이 벌어질지 몰랐으므로 곤란한 상황에 처해 있었던 거죠. 그리고 여러 차례 회군을 요청했으나 받아들여지지 않았으니, 결국 왕과 최영이 제대로 현실을 파악하지 못하고 나라를 위기에 빠뜨리고 있다며 위기에 빠진 나라를 구해야 한다는 말로 장수들을 설득했어요.

이성계의 반란 소식을 들은 최영은 급히 반격에 나서지만 나라의 모든 군사가 이성계에게 몰려 있어 역부족이었어요. 이성계는 9일 만에 어렵지 않게 개경을 차지하고 우왕을 폐한 후, 최영은 부정 축재를 했다는 죄목을 붙여 귀양을 보냈다가 두 달 만에 죽입니다. 당시 권문세족들이 산맥과 하천으로 소유지의 경계를 나눴을 정도로 나라 재산을 과도하게 차지했던 것은 사실이었습니다. 그러나 앞서 말씀드렸다시피 최영만큼은 평생을 근검절약하며 산 사람이었습니다. 여기서 그 유명한 최영의 말이 등장합니다.

"만약 나에게 탐욕이 있었다면 내 무덤에 풀이 날 것이나, 그렇지 않다면 풀이 나지 않을 것이다."

그렇게 최영이 죽고, 이성계는 아예 관리까지 따로 두어 최영 무덤에 열심히 풀을 심었습니다. 놀랍게도 최영의 무덤에서는 정말 풀이 자라지 않았다고 합니다. 최영의 무덤은 풀을 심는 족족 말라 죽고 흙으로만 벌겋게 덮여 있다고 해서 적분赤墳이라 불렸다고 합니다. 그럼 지금도 풀이 나지 않을까요? 답은 '아니요'입니다. 최영 장군의 유언과는 다르게, 후손들이 정성으로 무덤을 가꾼 결과 지금은 잔디가 무성히 자라 있다고 합니다. 이제는 그의 한이 풀렸다고 봐도 되겠지요?

최영 장군 묘 경기도 고양시 덕양구 대자산 기슭에 자리잡고 있다.

34

최영이 계획한 요동 정벌에 대해서도 여러 가지 의견이 있습니다. 마치 임진왜란 때 도요토미 히데요시가 정적들을 제거했던 것과 같이, 부하 장수로 두기에는 너무 커버린 이성계를 합법적으로 제거하기 위한 수단이었다는 의견도 있고, 중국의 수도까지 진격하자는 것이 아니었으므로, 요동만 차지해서 명나라의 세력이 커지기 전에 영토를 확장하려는 자주적 사고의 발현이라는 해석도 있습니다. 무엇이 역사적으로 올바른 판단인지는 알 수가 없죠. 어쨌든 최영은 이성계가 회군이라는 승부수를 던질 만한 그릇임을 파악하지 못했고, 아무 방비도 없이 이성계에게 죽임을 당했습니다. 최영의 죽음 이후 이성계가 주도하는 신진 세력 앞에 고려 왕실은 점차 심각한 위기에 빠져들기 시작했습니다.

이성계가 말 머리를 돌리던 그날 2

교과서에서는 우리 역사가 조선왕조부터 중세를 넘어 근세로 접어들었다고 이야기합니다. 무엇 때문에 조선을 근세로 평가하는 것일까요? 중세와 근세를 구분할 때 가장 중요한 요소가 정치적 발전입니다. 고려시대에 과거제도가 처음 도입되면서 통일신라시대보다는 신분 상승의 기회가 커졌다고는 하나, 고려는 분명 귀족 사회였고 가문의 영향력이 출세에 결정적인 역할을 했습니다. 그러나 조선시대에 들어와서는 능력 본위의 관료제 사회로 바뀌면서 과거 시험에서 자신의 능력을 보여주는 인물들이 주로 고위 관료가 될 수 있었어요. 이런 변화가 조선을 고려에 비해 발전된 시대라고 평가할 수 있는 여러 가지 근거 중 하나인 것이죠.

능력 본위로 사회 변화가 촉발된 원인은 이성계를 도와 조선을 세운 인물들의 출신 성분을 살펴보면 알 수 있습니다. 이성계는 무인 출신으로 나라를 이끄는 정치와 행정에 그리 익숙하지 않았어요. 그 때문에 국가 통치에 도움을 받고자 고려의 유학자들, 신진사대부 계열과 손을 잡았습니다. 그래서 이성계는 유학자 정도전을 자신의 오른팔로 삼았습니다. 정도전은 외할머니가 몸종이라 출신으로 따지면 한미한 신분이었죠. 그 때문일까요? 조선에서는 신분에 연연하지 않고 스스로 능력을 입증하는 사람들을 받아들이는 분위기가 자리잡을 수 있었습니다.

  이런 긍정적인 요인들을 인정하더라도 조선이 쿠데타를 통해 세워졌다는 것은 부정할 수 없는 사실입니다. 조선부터 현대에 이르기까지 여느 쿠데타를 보더라도 그 전개 과정에서 공통점을 발견할 수 있습니다. 일단 정변에 성공하더라도 장본인이 바로 집권을 하지는 않습니다. 보다 확실한 지지 세력과 정통성을 획득하기 위한 준비 과정 때문에 허수아비를 왕위에 앉히거나 과도정부를 유지하는 방법을 취하죠. 이 시기에 쿠데타의 주동자는 백성을 대변해 현 정권을 심판한 것이라는 태도를 한결같이 유지하며 최고 지도자와는 어느 정도 거리를 두는 시늉을 합니다. 그러다가 적절한 시기에 전면에 나서 어렵지 않게 일인자가 된 후 나라의 기강을 확립한다며 부정부패를 척결하거나 토지, 화폐제도 등을 개혁해 분위기를 쇄신합니다.

집권 초기의 상황

이성계 역시 마찬가지였습니다. 위화도회군 이후 바로 조선이 건국된 것은 아닙니다. 회군의 명목상 목표였던 우왕의 폐위가 이루어지자 그의 아들 창왕이 잠시 왕위에 올랐다가 곧 폐위됐고, 우왕과 창왕이 모두 죽임을 당한 뒤 공양왕이라는 인물이 또 추대되면서, 고려왕조는 회군 이후 4년 동안 유지되었습니다. 이성계는 이 기간 동안 토지제도 개편을 통해 1391년 과전법 실시 고려 지배 세력의 주축이자 부정부패의 상징적 존재였던 권문세족의 토지를 몰수하고, 이 토지 일부를 자신을 지지하는 신진사대부들 정도전, 권근 등 혁명파 사대부에게 나눠주며 세력을 강화하는 데 주력합니다.

이성계의 세력은 막강했지만 여전히 고려왕조를 유지하려는 반대파들이 남아 있었습니다. 고려왕조를 유지하면서 점진적으로 나라를 개혁하고자 했던 정몽주나 이색 온건파 사대부은 이성계가 고려의 병폐를 개선할 수 있는 인물이라고 생각해 위화도회군까지는 그를 지지했어요. 하지만 고려에 대한 충성심이 깊었던 이들은 이성계가 아예 고려를 멸망시키고 새 왕조를 건설하려 한다는 계획을 눈치채고는 반대파로 돌아섭니다. 이후 정몽주는 이성계의 아들 이방원과 그 유명한 「하여가」와 「단심가」를 주고받게 되지요. 이방원의 「하여가」는 조선왕조 건설을 위한 유혹과 회유를, 정몽주의 「단심가」는 고려왕조를 향한 의리와 절개를 담고 있습니다.

이런들 어떠하며 저런들 어떠하리

此亦何如彼亦何如

만수산 드렁칡이 얽어진들 긔 어떠리

城隍堂後垣頹落亦何如

우리도 이같이 얽어져 백 년까지 누리리라

我輩若此爲不死亦何如

_이방원, 「하여가」

이 몸이 죽고 죽어 일백 번 고쳐 죽어

此身死了死了一百番更死了

백골이 진토 되어 넋이라도 있고 없고

白骨爲塵土魂魄有無也

임 향한 일편단심이야 가실 줄이 있으랴

向主一片丹心寧有改理歟

_정몽주, 「단심가」

선죽교 황해도 개성 소재. 고려왕조에 대한 절개를 표현했던 정몽주. 그는 이방원이 보낸 자객에 의해 선죽교에서 목숨을 잃는다.

이성계의 반대 세력이 대부분 사라진 상태에서 조정의 대신들은 공양왕에게 이성계에게 왕위를 넘길 것을 종용했습니다. 이를 견디지 못한 공양왕은 왕위에서 물러났고, 이성계가 왕위에 오름으로써 태조 왕건의 후손들이 이어받았던 고려왕조가 멸망하고 조선이라는 나라가 들어서게 되었습니다. 물론 918년부터 1392년까지 474년이나 이어진 나라가 문을 닫았는데 그 후폭풍이 작을 수는 없었겠죠. 고려의 유능한 대신들은 이성계가 집권한 후 상당수가 칩거하거나 산으로 숨어버렸습니다. 일례로 고려의 충신들이 조선이 세워진 뒤에 과거에 응시하지 않고 밖으로 나오지 않았다는 이야기가 전해져 옵니다. 때문에 그 지역의 고개 이름을 부조고개라 하였고 인근의 마을을 두문동杜門洞이라고 했습니다. 이렇게 새 왕조에 대한 강렬한 반발 속에, 명나라로부터는 정식 왕으로 인정받지 못하는 등 이성계의 집권 초기는 순탄치 않았습니다.

조선에서 왕씨와 금씨가 사라진 이유

여기서 잠시 조선 건국과 관련된 야사 하나를 소개해드릴게요. 고려 중기부터 목자득국木子得國이라는 말이 유행하기 시작합니다. 나무 목木 자와 아들 자子 자는 자는 이李를 파자 한자의 자획을 풀어 나눔한 글자인데요, 그러니 결국 목자득국이란 이씨가 나라를 얻는다는 뜻이죠. 고려의 왕족인 왕씨들이 이 불길한 예언을 듣고 이李 자가 '오얏 이'라는 점에 착안, 남산밑에 오얏나무자두나무를 잔뜩 심습니다. 그런 다음 가을에 나무가 자라면 몽땅 다 베어버렸어요. 이를 매년 반복하여 이씨의 기운을 거세하기 위해 노력합니다. 그럼에도 불구하고 이씨는 결국 왕씨를 몰아냈죠. 왕권을 잡은 이씨는 왕씨들을 어떻게 했을까요? 고려가 멸망하자 이성계는 왕씨 성을 가진 이들을 살기 좋은 섬으로 보내주겠다며 모아들여 배에 태운 후 바다 한가운데서 배에 구멍을 뚫어 모두 죽였습니다. 이때 이성계의 책략에 속지 않고 살아남은 일부 왕씨들은 산속으로 들어가 전씨, 옥씨, 용씨 등으로 개명합니다.

그런데 고려시대에 왕씨들을 불안하게 했던 소문과 비슷한 형태로 조선시대에는 금金씨가 이씨를 몰아낸다는 말이 돌았습니다. 음양오행설에 기초한 소문인데요. 이에 따르면 세상을 이루는 기초 원소인 흙土, 나무木, 물水, 불火, 쇠金는 서로 상극 관계를 맺고 있어요. 흙은 나무에 양분을 빼앗기

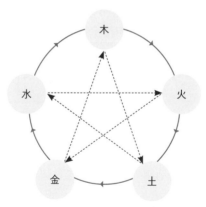

니 지는 형국이지만, 물을 흡수해버리죠. 그런데 물은 불을 끄므로 불보다는 강하고요. 불은 물엔 약하지만 쇠를 녹입니다. 쇠는 도끼를 만들어 나무를 칠 수 있으므로 나무를 이길 수 있죠.

이렇게 어느 한 가지 원소가 절대적으로 강하지 않고 서로 물고 물린다는 이론이 음양오행설인데, 이에 따르면 이^李씨는 나무의 기운이 강해 금^金씨하고는 상극이라는 논리가 나오게 됩니다. 이씨들은 적잖이 불안에 떨었지만 그렇다고 엄청나게 많은 수의 금씨들을 모두 죽일 수는 없었습니다. 궁여지책으로 내놓은 방법이 금씨의 발음을 김씨로 바꾸는 것이었고, 이것이 오늘날까지 이어지고 있습니다. 그러니까 지금의 김씨는 원래 금씨였던 것이죠. 한자 영향권 아래 있던 조선이 건국 초기 민감하게 겪었던 우여곡절이라 하겠습니다.

혁명 공신의 최후

어쨌든 조선은 그렇게 시작되었습니다. 이성계가 조선을 세우는 과정은 우리에게 또다른 교훈을 남겨주는데요, 사실 이 교훈은 이때뿐만이 아니라 많은 역사적 사건에서 확인할 수 있습니다. 역사 속에서 정권을 재창출한 세력을 보면 일등공신은 어떤 식으로든 반드시 숙청을 당한다는 것이지요. 조선 초기에도 마찬가지였습니다. 이성계가 왕위에 오르는 데에 가장 큰 역할을 한 정도전은 유능한 인재였지만 뜻을 다 이루지 못한 채 이성계의 아들 이방원^{태종}에게 살해당합니다. 이방원이 왕이 될 때도 마찬가지입니다. 태종이 왕위에 오르는 데 핵심 역할을 한 이숙번과 그의 세력은 끝내 죽거나 귀양을 갔어요. 조선 후기 정조 때는 홍국영이라는 일등공신이 목숨을 잃었습니다. 그들은 정권을 쟁취할 때는 누구보다도 큰 신뢰를 받지만, 쟁취한 후에는 최고 권력자 못지않은 위세를 지니기에 눈엣가시로 변해 결국 비극적인 최후를 맞고 마는 것이죠.

요는 갑자기 주어진 권력을 적절히 통제할 줄 아는 그릇이 되어야 한다는 것입니다. 일례로 무학대사와 같은 길을 택하는 것이 행복한 인생으로 가는 현명한 방향일 수도 있습니다. 무학대사는 정도전만큼이나 큰 공을 세웠음에도 불구하고 자신의 존재감을 드러내지 않았습니다. 조선이 유교 국가의 길을 걸으면서 불교를 배척하는 모습을 보여도 나서서 반대하지 않았죠. 불교 국가였던 고려를 갈아엎은 조선은 불교를 대체할 새로운 통치 이념이 필요했고, 그 중심에는 유교가 있었습니다. 그런 정황을 정확히 파악하고 받아들인 이가 무학대사입니다. 조선의 건설에 노년을 바친 무학대사는 추후 조용히 물러나 수행에만 전념한 유일한 개국공신이었습니다. 그는 무수히 많은 이의 존경과 사랑을 받다가 금강산에서 78세를 일기로 평화롭게 입적하게 됩니다.

태조의 말년, 왕자의 난

수많은 인물이 세상을 등지면서 조선은 점점 틀이 잡혀갔지만, 나라 전반에 퍼진 피비린내는 쉽게 가시지 않았습니다. 조선이 안정을 찾기 위해서는 후계자를 정할 필요가 있었고, 이성계는 조선왕조를 세우자마자 다음 왕이 될 세자를 선택하려고 했어요. 이성계는 자식이 상당히 많았습니다. 여섯 명의 부인에게서 모두 8남 5녀를 두었는데, 이 중 어머니가 왕비였던 왕자들은 첫번째 부인 한씨 소생이 여섯

태조 이성계의 왕자들	
1부인 신의왕후 한씨 소생 왕자	2부인 신덕왕후 강씨 소생 왕자
방우(진안대군)	방번(무안대군)
방과(영안대군)-제2대 정종	방석(의안대군)
방의(익안대군)	
방간(회안대군)	
방원(정안대군)-제3대 태종	
방연(덕안대군)	

명, 두번째 부인 강씨 소생이 두 명이었습니다.

이 가운데 가장 두각을 보인 이가 다섯째 아들 이방원이었습니다. 그는 어려서부터 무예에 능하고 존재감이 대단했어요. 조선 건국 당시 강력한 카리스마로 군사를 거느리고 아버지가 왕이 되는 데 결정적인 기여를 하죠. 처음에는 방원이 세자 자리에 오를 확률이 높았는데, 중전인 강씨 부인이 적극적으로 나서면서 이 흐름이 바뀝니다. 강씨 부인은 자기 자식을 왕으로 세우려고 스물한 살 연상이었던 남편에게 몇 번이고 간청을 하죠. 이성계는 중전 강씨의 의견을 존중하여 강씨의 첫째 아들인 방번을 세자로 세우려 했으나, 공신들의 반발이 있었습니다. 방번의 자질이 왕이 되는 데 적합하지 않다는 이유였죠. 그리하여 공신들이 추천한 막내 방석이 세자로 책봉되었습니다.

정도전 입장에서도 이방원이 왕이 되는 게 내심 걱정스러웠어요. 방원의 성향상 왕위에 오르면 분명 왕권 강화 정책을 펼 것인데, 그 과정에서 개국공신으로서 세력이 큰 자신이 제거 대상에 오를 확률이 높았거든요. 또한 정도전은 임금이 세습되는 직책이라 무능한 지도자가 나올 수도 있다는 왕위 세습의 한계를 인식하고 이를 견제할 방법을 고민하고 있었습니다. 그래서 그는 체제를 중히 여겼습니다. 왕은 관료 인사권만 가지고 국정은 유능한 재상들이 이끌어가는 것, 이것이 정도전이 꿈꾼 세상, 재상 정치의 시대였습니다. 이런 신념이 이방원과는 맞지 않았기에 정도전은 어린 방석을 교육해 재상이 중심이 되는 정치를 펴고자 마음먹었습니다. 그리하여 강씨 부인의 제안에 찬성하고, 자신의 힘을 이용해 방석을 세자로 책봉하는 데 성공하죠.

야심이 큰 이방원은 가만있지 않았습니다. 방원이 누굽니까? 정몽주를 제거하는 등 아버지가 왕이 될 때 여러 공을 세운 인물이고, 왕이 될 자질이 충분하다고 자타가 공인했던 인재이지 않습니까? 그러니 그의 불만은 이만저만이 아니었습니다. 방석이 세자 자리에 오른 뒤, 정도전은 더욱더 적극적으로 조선의 시스템을 구축해나가기 시작합니다. 정치, 경제, 사회, 군사 등 다방면에 걸쳐 조선이라는 나라를 만들기 위한 작업들을 진행했죠. 그럴수록 정도전의 권한은 점점 커졌습니다. 정도전의 견제로 인해 점차 권력에서 소외되었던 이방원은 무슨 생각을 했을까요? 언젠가 정도전을 제거해야겠다는 마음을 먹지 않았을까요? 그러나 아직 싸울 무대가 마련되지 못했죠. 그러다 마침내 이방원과 정도전의 정면 대결이 이뤄집니다.

중국의 명나라는 고려가 멸망하고 조선이 건국된 것에 대해 의심이 있었어요. 조선이 북방에 있었던 여진족과 힘을 합쳐 요동을 정벌할 것이라는 의심이었죠. 그로 인해 조선 초에는 명나라와 사이가 좋지 못했습니다. 그래서 정도전은 언젠가 명나라가 쳐들어올지 모른다며 요동 정벌을 준비해야 된다고 주장했고, 요동 정벌에 필요한 군사를 모으기 위해서는 왕자들이 가지고 있는 사병私兵을 혁파해야 된다고 주장했어요. 정도전에게 이미 견제를 당하고 있던 이방원으로서는 이런 주장에 더 이상 참을 수 없었을 겁니다.

이방원은 날을 잡아 사병을 동원, 자신의 넷째 형 방간과 힘을 합쳐 정도전을 포함해 방석을 추종하던 무리를 제거하고, 배다른 동생인 방번과 세자 방석까지 죽여버립니다. 이 사건을 제1차 왕자의 난이라고 합니다. 이는 방석을 세자로 앉힌 아버지의 뜻을 정면으로 거역하면서 동생까지 죽인 심각한 사건이었죠. 그 후 주동자인 이방원이 바로 세자 자리에 올랐을 것 같지만 그러지 않았어요. 오히려 왕위에 욕심이 없었던 둘째 형 이방과를 세자로 내세우고 자신은 실권을 장악합니다.

이방원이 형제와 자신의 오른팔을 살육하는 동안 전혀 손을 쓰지 못한 태조 이성계는 큰 충격을 받고 왕위에서 물러나고, 둘째 이방과가 조선의 제2대 왕 정종이 됩니다. 제1차 왕자의 난 이후 거의 모든 실권을 장악한 방원은 이러한 구도를 안정시키고 위협 요소를 제거하기 위해 동복형제들이 거느리고 있던 사병 혁파에 앞장섭니다. 권력욕이 컸던 넷째 방간은 이런 방원에게 불만이 심했습니다. 왕이 되고 싶었던 방간은, 제1차 왕자의 난 때 방원을 도와 공을 세웠으나 일등공신이 되지 못한 것을 불평하다가 유배된 무신 박포의 꼬임에 넘어가 사병을 동원하여 난을 일으켰는데, 이를 제2차 왕자의 난이라고 합니다. 그러나 이미 조정의 세력은 모두 방원에게 기울어 있었고, 방간은 방원의 상대가 되지 못했습니다. 결국 방간의 난은 쉽게 진압되었고, 이로써 방원의 정치적 입지는 더욱 공고해졌으며, 반대 세력들까지 모두 제거되었습니다. 방간의 난이 있고 한 달 뒤 방원은 세자로 책봉됩니다. 왕이었던 정종이 태조의 허락을 받아 동생에게 왕위를 물려주었고 이방원이 마침내 왕이 되니, 그가 태종입니다.

말년에 아들들이 서로 싸우고 죽이는 과정을 지켜보는 이성계의 마음이 어떠했겠어요? 그는 보다못해 수도를 떠나 함흥에 따로 거처를 마련해 칩거합니다. 후일 왕이 된 이방

원이 아버지를 모시러 함흥으로 차사^{조선시대 중요한 임무를 위해 왕명으}

^{로 파견하던 임시 관직}를 보내죠. 이때 이성계가 태종을 괘씸히 여기

는 마음에 오는 차사들을 족족 활로 쏴 죽였다고 하여, 한

번 가면 돌아오지 않는 사람을 두고 '함흥차사'라는 말이 생

겼습니다. 그러나 이것은 야사일 뿐 모두 사실은 아닙니다.

그 많은 고위 관료를 몽땅 죽였다면 당연히 실록에 기록이

남아 있어야 하는데 그런 내용은 기록되어 있지 않습니다.

기록된 차사로는 성석린, 박순 등이 있는데 이들은 차사로

가서 죽지 않거든요. 그러니 태조가 두 차례에 걸쳐 함흥과

한양을 오간 것은 사실이나 일설처럼 차사를 전부 죽이는

정도까지의 갈등은 없었다고 볼 수 있습니다.

태종이 펼친 강력한 왕권 강화 정책의 텃밭을 바탕으로

다음 세종대왕 대에서 조선은 전성기를 맞이합니다. 하지만

이성계에서부터 출발한 쿠데타는 조선 초기를 무수한 살육

의 장으로 만들고 말았습니다. 특히 두 번에 걸친 왕자의 난

에서 벌어진 형제간의 죽고 죽이는 싸움은, 그것이 새로운

역사가 시작될 때 뒤따르는 필연적인 혼란이었다고 치부하

더라도 가벼이 넘기기 어려운 사건이죠. 태조 이성계는 우리

역사상 가장 성공한 쿠데타의 주인공이지만, 추후 아끼던

재상들을 잃었고 말년엔 자식들 간의 칼부림을 무기력하게

지켜보며 고통받아야 했습니다. 정변의 근간에는 권력 욕구가 있고, 그 욕심이 크고 깊을수록 뒤따르는 화도 커집니다. 역사는 인간의 지나친 권력욕이 무서운 화를 불러온다는 사실을 일관되게 경고하고 있습니다.

역사는
과거와 현재의
끊임없는 대화이다.

E. H. 카, 역사학자

임진왜란(1592~1598) 조선 선조 25년부터 31년까지 2차에 걸친 일본의 침략으로 일어난 전쟁. 이순신과 의병의 활약 등으로 국권은 지켜냈으나, 나라 전반이 심각한 피해를 입었다.

교과서 밖의 진짜 임진왜란 이야기 1

임진왜란[1592]은 조선을 전기와 후기로 나누는 중요한 사건입니다. 외부적으로는 동아시아 3개국인 명, 조선, 일본이 참여한 국제적인 전쟁이자, 동아시아의 국제 질서가 크게 변화하는 계기가 된 전쟁이었고, 내부적으로는 조선 사회의 성격이 크게 달라지는 기준점이 되었기 때문입니다.

자그마치 7년 동안 이어진 이 전쟁은 조선의 백성들에게 많은 상처를 남겼습니다. 조선왕조가 개창된 이래 최대의 위기이자 많은 인명 피해를 낳은 침략 전쟁이었기에, 전쟁의 상처를 씻어내기까지 백년이 넘는 시간이 걸리게 되었죠.

그렇기 때문에 임진왜란에 대해 단순히 선조, 이순신 장군이라는 주인공만을 기억하기에는 아쉬움이 있습니다. 임진왜란을 둘러싸고 있던 당시의 국제관계, 조선이 처한 상황, 전쟁의 시작과 과정 등, 교과서 밖에 존재하는 임진왜란에 대한 여러 이야기들을 입체적으로 살펴볼 때가 아닌가 싶습니다.

배경

임진왜란이 일어나기 직전의 상황부터 알아봅시다. 당시 조선은 다방면에 걸쳐 혼란스러운 상황에 놓여 있었습니다. 전국적인 가뭄과 홍수, 흉년, 전염병 등이 발생하여 많은 백성들이 어려움을 겪고 있었고, 엎친 데 덮친 격으로 세금 부담 또한 막중해 토지를 버리고 도망가는 농민들이 크게 늘고 있었죠. 제대로 세금을 거두지를 못하니 국가 재정은 바닥날 수밖에 없었고요.

농민들의 삶이 어느 정도로 어려웠느냐면, 비슷한 시기 농민들의 생활에 보탬이 되기 위해 『구황촬요』라는 책이 간행되어 보급되는데, 그 책에 나무껍질로 먹거리를 만드는 내용과 죽어가는 사람을 살리는 법 등이 실려 있었어요. 백성들은 그만큼 어려운 상황 속에서 근근이 목숨을 이어가고 있었던 거죠.

그뿐만이 아니었습니다. 경제적으로도 힘든데 농민들은 군사 훈련까지 받아야 했으므로 군사 훈련을 기피하는 현상이 늘어납니다. 그리고 어려워진 국가 재정 때문에 군사에 대한 대우가 열악해지면서 병사 수가 감소하고 병력이 약해질 수밖에 없었습니다. 제대로 된 군사 훈련조차 이뤄지기 힘든 상황이었던 셈입니다.

더불어 정당성이 부족했던 선조가 즉위하고 붕당정치가 전개된 것도 임진왜란이 일어나기 직전의 일이었습니다. 선조는 명종의 여러 조카들 중 하나로, 후사後嗣. 왕위를 이을 후계자가 없었던 명종의 뒤를 이어 왕이 되었죠. 선조를 두고 조선 왕조 최초의 방계傍系 출신 왕이라고도 합니다. 왕과 왕비의 아들이나 손자로서 왕이 된 것이 아니라, 후궁 소생이자 왕의 조카로서 왕이 된 첫번째 경우였거든요. 그랬기 때문에 왕으로서의 정통성이 부족할 수밖에 없었습니다.

붕당정치는 학문적, 정치적으로 뜻을 같이하는 사람들끼리 무리를 이루어 정치적 견해를 나누는 정치 방식이었습니다. 선조 때부터 동인과 서인이 나눠진 것을 계기로 시작된 붕당정치는 다양한 정치적 의견과 정책을 공유하는 정치적 발전을 가져왔습니다. 그러나 의견이 다양한 만큼 합의가 쉽게 이뤄질 수 없었고, 개혁에 대한 시각 또한 일치되기 어려웠죠. 전쟁에 대한 것도 예외는 아니었을 겁니다.

조선이 이러한 상황에 놓여 있을 때, 일본은 도요토미 히데요시에 의해 오랫동안 분열되어 다투던 전국시대가 끝나고 통일을 맞이하게 되었습니다. 100년이 넘는 시간 동안 전란을 겪다가 맞이하게 된 평화는 예기치 않은 곳에서 반발을 불러일으켰습니다.

'사무라이'라는 말은 많이 들어보셨지요? 보통 무사 계층이라고 표현하기도 합니다. 전쟁의 일선에 서고 일왕을 보호하는 역할로 우리에게도 어느 정도 친숙합니다. 이러한 무사 계층은 전국시대에 눈부신 활약을 하며 크게 성장했죠. 그러나 혼란의 시기가 끝나고 평화가 찾아오자 한순간에 가장 불필요한 집단으로 전락해버린 겁니다.

일본 전역의 통일을 이룬 도요토미 히데요시에게는 이들 무사 계층의 불만을 외부로 돌리면서 동시에 그들을 견제하고 자신의 입지를 확립해줄 내부적 단결이 필요했습니다. 단

기간에 내부의 단결을 이루기 위해서는 외부의 적에게로 시선을 돌리는 일이 최선이었겠죠. 눈을 돌리니 누가 있었습니까? 조선이 눈앞에 있죠. 그렇게 해서 시작된 전쟁이 바로 임진왜란이었습니다.

도요토미 히데요시가 임진왜란을 일으킨 이유에 대해서는 많은 추측이 있습니다. 그중에서 우선 무사들의 불만을 외부로 돌리기 위해서라는 현실적인 이유를 들 수 있습니다. 이외에도 불가능해 보였던 일본의 통일을 이룬 도요토미 히데요시의 자신감 표출이라고 해석하기도 합니다. 이미 최고의 권력과 부를 거머쥔 도요토미가 가장 원했던 것은 정복을 통한 더 큰 명예라고 보는 것이죠. 조선을 시작으로 더 많은 국가들을 복속시켜 내부의 문제를 해결하고 자신의 입지를 더 확고히 다지고자 했던 것입니다.

예고된 전쟁
침략 전쟁을 결심한 도요토미 히데요시는 군자금을 확보하고 전국에 전쟁을 위한 전진기지를 건설하였습니다. 특히 전국시대를 거치며 조총으로 무장한 보병 부대가 일본의 주력 부대가 되면서 조총을 중심으로 하는 전술이 비약적으로 발전했죠. 일본은 조총을 든 보병이 중심이 된 대군을 편성하여 조선을 칠 준비를 차근차근 해나가고 있었습니다.

준비가 완료되었을 때쯤, 도요토미는 조선과 일본을 연결하는 섬인 대마도를 다스리는 대마도주對馬島主, 대마도를 다스리는 직책를 부릅니다. 조선을 넘어 명나라까지 정벌하겠다는 계획을 말해주고는 조선 국왕을 일본으로 불러달라고 말하죠. 일본의 입장에서 조선은 통로였습니다. 정명가도征明假道, 즉 명나라를 치러 가기 위해 길을 빌리고 싶은데 그러기 위해서는 조선 국왕의 협조가 필요했던 거예요.

조선과 정치, 경제적으로 깊은 관계를 맺고 있던 대마도주는 곤혹스러웠을 겁니다. 조선의 국왕을 무슨 수로 일본으로 데려가며, 또 조선에는 이 사실을 어떻게 알려야 할지 말입니다. 자칫하면 고래 싸움에 등 터지는 새우 꼴이 될 수도 있었던 거죠. 결국 대마도주는 도요토미 히데요시의 의견은 조선에 그대로 전달하지 못한 채 일본으로 조선통신사를 파견해달라고 여러 차례 요청했습니다.

상황이 이렇게 될 때까지 조선은 아무것도 하지 않았을까요? 아닙니다. 당시 조선은 여러 차례 왜구의 침략을 겪으며 일본과 국교가 단절된 상황이었어요. 생각해보세요. 조선

입장에서는 일본인들에게 무역을 허용하고 쌀도 나눠줬는데, 이 사람들이 고마운 줄 모르고 몇 차례씩 난을 일으킨 겁니다. 전국시대의 혼란을 겪고 있었던 일본에서 왜구에 대한 통제가 원만히 이뤄지지 못한 탓에 조선과 일본의 외교적 관계가 단절된 것이죠. 그래서 일본 내부의 상황과 정보에 취약했고, 왜구가 아닌 일본 본토에서, 그것도 대규모로 침략해올 것이라고는 짐작하지 못했을 겁니다.

대마도주가 지속적으로 조선통신사 파견을 요청하자, 심상치 않다고 생각한 선조는 일본 본토로 통신사를 파견하게 됩니다. 붕당정치가 진행되고 있었던 가운데, 공정한 판단을 위해 서인 황윤길과 동인 김성일을 파견해 도요토미 히데요시를 만나보고 오게 하죠. 황윤길과 김성일은 선조의 명을 받고 멀고 먼 길을 떠나게 됩니다.

조선통신사가 일본에 도착해서 접한 도요토미 히데요시는 오만함 그 자체였습니다. 국서를 제대로 받지도 않고 접견 도중에 아이를 안고 나오는 등 대놓고 무시하는 행동을 보입니다. 도요토미가 조선 측에 전달한 국서의 내용에도 그러한 태도가 고스란히 담겨져 있었습니다.

사람의 한평생이 백년을 넘지 못하는데 어찌 답답하게 이곳에만 오래도록 있을 수 있겠습니까. 국가가 멀고 산하가 막혀 있음도 관계없이 한 번 뛰어서 곧바로 대명국大明國에 들어가 우리나라의 풍속을 4백여 주에 바꾸어놓고 제도帝都의 정화政化를 억만년토록 시행하고자 하는 것이 나의 마음입니다. 귀국이 선구先驅가 되어 입조入朝한다면 원려遠慮가 있음으로 해서 근우近憂가 없게 되는 것이 아니겠습니까. 먼 지방 작은 섬도 늦게 입조하는 무리는 허용하지 않을 것입니다. 내가 대명에 들어가는 날 사졸을 거느리고 군영軍營에 임한다면 더욱 이웃으로서의 맹약盟約을 굳게 할 것입니다. 나의 소원은 삼국三國에 아름다운 명성을 떨치고자 하는 것일 뿐입니다. (…) 나머지는 별지에 있습니다. 몸을 진중히 하고 아끼십시오. 이만 줄입니다.

_『선조수정실록』 25권, 24년 3월 1일 네번째 기사

도요토미가 준 국서에 가장 먼저 분노한 사람은 통신사 김성일이었습니다. 답서의 내용이 무례하고 거칠며, 명나라를 공격하고 조선을 노린 것이니 이에 대해 정정해달라고 강력하게 요구했어요. 고치지 않으면 답서를 가져가지 않겠다는 초강수를 두기까지 했습니다. 그러나 김성일의 의지는 관철되지 못하고 몇몇의 무례한 표현을 고친 정도에 그친 채로 조선으로 돌아오게 되었습니다.

조선으로 돌아온 통신사들의 논쟁에 대해서는, 서인 황윤길이 전쟁이 일어날 것이라는 주장을 펴고 동인 김성일은 전쟁이 나지 않는다고 주장했다고 알려져 있습니다. 틀린 말은 아니지만 보충 설명은 조금 필요할 것 같습니다. 황윤길과 김성일은 통신사로 파견되었을 때부터 다른 태도를 보였습니다. 황윤길은 선조의 명에 따라 일본의 동태를 살피고 최대한 빨리 조선으로 돌아가 보고하는 것에 집중했다면, 김성일은 일본이 보이는 무례함을 꾸짖고 그에 대한 정정과 해명을 요구하는 것에 무게를 더 두었습니다. 조선통신사는 외교 업무를 수행하기 위해 파견된 것이지만, 조선 국왕의 권위를 상징하는 역할이기도 했습니다. 황윤길은 현실적인 외교관으로서의 역할을, 김성일은 선조의 권위를 생각해 움직였던 것이죠. 결과적으로 둘 다 조선의 입장에서는 필요했던 태도였습니다.

황윤길과 김성일의 입장은 조선으로 돌아온 후 확연히 갈립니다. 두 통신사의 보고를 들은 조정에는 황윤길의 말대로 일본이 침략해올 것 같으니 그에 대한 대비를 해야 한다는 의견이 다수를 이루고 있었습니다. 그러나 선조는 김성일의 의견에 동의하며 일본이 감히 쳐들어오지 못한다는 주장에 손을 들어주었죠.

그 과정에는 방계 출신으로 왕의 자리에 오르며 정통성이
부족했던 선조가 일본과의 관계에서 우위에 있다고 생각하
면서 자신의 권위를 확보하려고 했던 것과, 당시 전쟁 준비
에까지 동원되기는 힘들었던 조선 백성들의 상황이 존재하
고 있었습니다.

그러나 전쟁에 대비를 전혀 하지 않았던 것은 아닙니다.
만일에 대한 방비로 성곽을 수축하고, 무기를 점검하며, 무
신을 발탁하는 등의 조치를 취했습니다. 이순신도 이때 유
성룡에 의해 발탁되었던 것입니다. 그렇지만 지나친 노동력

동원에 대한 백성들의 반발로 인해 제대로 된 전쟁 대비가 이뤄지기는 힘들었어요. 전쟁을 시작하는 것은 지도층이지만 실제로 전쟁을 겪고 부담해야 하는 것은 백성들이었기에, 어려운 백성들의 상황을 무시하고 전쟁을 강행할 수는 없었습니다.

예고된 전쟁이었으나 그 전쟁을 둘러싸고 선조, 도요토미 히데요시, 조선의 백성들은 각기 다른 입장으로 전쟁의 순간을 맞이하고 있었습니다. 결국 일본의 침략은 시작되었고, 조선은 곧 전쟁터가 되어 전란의 소용돌이에 휘말리게 되었습니다.

전쟁의 시작

1592년 4월 13일, 부산포 앞바다에 일본 군함 700여 척이 출현합니다. 부산의 관리들은 처음에는 조선에 조공을 바치러 온 것이라고 생각하여 대비를 하지 않았는데, 일본의 침략임을 깨달았을 때는 이미 성이 함락되기 직전이었죠. 당황한 것은 백성들도 마찬가지였습니다. 200여 년 동안 전쟁을 모르고 살았던 백성들은 일본의 대규모 침략에 순식간에 무너질 수밖에 없었습니다.

전쟁 초기에 동원된 일본군의 수가 20만 명에 달했는데, 당시의 인구 상황과 보급 능력, 바다를 건너와야 한다는 제약 등을 고려해보면 정말 엄청난 숫자였죠. 게다가 이들은 오랜 기간 자국에서 전쟁을 경험한 덕분에 전투에 능숙했고, 최신 무기인 조총까지 가지고 있었습니다.

일본의 선두 병력은 부산을 점령한 후 육로를 통해 한양으로 진출합니다. 조선 조정에서는 명장 신립을 파견하여 일본군과 응전하도록 지시하죠. 신립은 8천의 군대로 충주에서 2배 정도 되는 일본군을 맞아 응전하였습니다. 병력의 차이도 문제였지만 신립 장군에게는 상대에 대한 어떤 정보도 없었습니다. 주력 무기인 조총과 그를 활용한 전술에 대한 이해가 없었던 셈이죠.

충주 탄금대를 등지고 배수진까지 쳤음에도 신립의 군대는 크게 패했습니다. 전투 패배에 책

임진왜란 당시 왜군의 침입 경로

임을 느낀 신립 장군은 부하 장수들과 함께 강물에 투신하였습니다. 신립의 패전 소식은 선조에게 바로 보고되었습니다. 충주는 남한강을 따라 한양으로 올라올 수 있는 중요한 교통로였기에, 충주를 장악한 일본군이 한양까지 당도하는 것은 시간 문제였죠.

선조는 다급해져 신하들을 불러 피란 문제 및 세자 책봉에 대해 논의하기 시작합니다. 그리고 종친들을 각지로 보내 일본군과 맞설 군대를 모을 것을 지시했습니다. 선조는 재빠르게 명나라로의 파천播遷. 왕이 궁을 떠나 다른 곳으로 피함을 결정하고는 명나라와 국경이 맞닿아 있는 의주까지 향하게 됩니다.

물론 신하들의 반대가 거셌습니다. 백성들은 전쟁 통에 목숨을 잃고 있는데, 이런 백성들을 챙겨야 할 왕이 가장 먼저 자리를 떠나는 것은 군자의 도리가 아니라는 것이었죠. 그러나 선조는 도성을 버리고, 자신에게 반대하는 신하들을 유배 보낸 채로 피란을 떠났습니다. 피란길은 순조롭지 않았습니다. 왕의 신분으로 하루에 한 끼밖에 못 먹으며 빗속을 행군하는 비참한 상황이었습니다. 또 중간에 상당수의 신하들마저 도망쳐, 의주에 도착했을 때 왕의 곁에 남아 있는 신하는 17명뿐이었죠. 내시 등 시종들을 모두 합쳐도

50명이 안 되는 수였으니, 백성을 버린 임금 곁엔 역시 아무도 남지 않으려 한다는 걸 알 수 있습니다. 한양에 남겨진 백성들은 왕이 자신들을 버렸다는 사실에 분노하여 경복궁에 불을 지르기도 했습니다.

도성의 궁에 불이 났다. 거가가 떠나려 할 즈음 도성 안의 간악한 백성이 먼저 내탕고에 들어가 보물을 다투어 가졌는데, 이윽고 거가가 떠나자 난민이 크게 일어나 먼저 장례원과 형조를 불태웠으니 이는 두 관서에 공사 노비의 문적文籍이 있기 때문이었다. 그러고는 마침내 궁성의 창고를 크게 노략하고 인하여 불을 질러 흔적을 없앴다. 경복궁, 창덕궁, 창경궁 세 궁궐이 일시에 모두 타버렸는데, (…) 홍문관에 간직해둔 서적, 춘추관의 각조 실록, 다른 창고에 보관된 전조의 사초, 『승정원일기』가 모두 남김없이 타버렸고 내외 창고와 각 관서에 보관된 것도 모두 도둑을 맞아 먼저 불탔다. 임해군의 집과 병조판서 홍여순의 집도 불에 탔는데, 이 두 집은 평상시 많은 재물을 모았다고 소문이 났기 때문이었다. 유도대장이 몇 사람을 참하여 군중을 경계시켰으나 난민이 떼로 일어나서 금할 수가 없었다.

_『신조수정실록』 26권, 25년 4월 14일 스물여덟번째 기사

일본의 실수
왕마저 도성을 버리고 피란을 가게 된 위기의 순간이 아

이러니하게도 조선이 반격할 수 있는 하나의 기반이 되었습니다. 일본은 원래 한성을 공격하여 왕을 포로로 잡은 후 조선을 앞세워 명을 정벌한다는 계획을 가지고 있었습니다. 그런데 조선의 왕인 선조가 피란을 선택했기 때문에 그 계획이 다소 틀어진 셈이었죠. 조선의 왕을 추격하여 잡을 것인가, 아니면 조선의 본토를 공격하여 장악할 것인가, 일본에서 오는 보급부대를 기다려야 하는가 등의 여러 문제들이 발생한 것입니다. 선조의 피란으로 전쟁이 장기화될 조짐을 보이자 어떤 방향으로 가야 할지 계획이 수정될 필요가 있었습니다.

한양을 점령한 일본군은 군사를 두 갈래로 나눠 각각 평안도와 함경도를 공격하기로 합니다. 평안도로 향했던 선조를 추격하고 함경도마저 공격함으로써 조선을 완전히 장악하려던 계획으로 볼 수 있습니다. 그러나 여기서 일본은 첫 번째 실수를 저지르게 됩니다. 보급로가 지나치게 길어졌는데도 해로 장악의 중요성을 간과한 것입니다.

전쟁에서 식량과 물자를 보급하는 방법은 보통 두 가지입니다. 자국에서 가지고 오는 방법, 또 점령한 지역에서 확보하는 방법이 있겠죠. 그러나 알다시피 당시 조선은 농민들이 경작지를 떠나 풀뿌리를 캐 먹으며 연명하고 세금마저 제대로 내지 못하는 상황이었기 때문에, 제대로 된 물자를 공급받기 위해서는 일본 본토에서 실어 날랐어야 했습니다. 남해를 지나 서해로 통하는 긴 행로를 거쳐야 했던 것이죠. 하지만 남해에는 이순신이 있었습니다.

두번째 실수는 명나라의 참전을 간과했다는 것입니다. 처음에는 명나라도 이 전쟁이 이렇게 커질 것을 예상하지 못했습니다. 그랬기 때문에 처음 조선에서 파병을 요청했을 때, 조선과 국경을 맞댄 요동 땅을 지키고 있었던 3천의 군사만을 보내 단숨에 마무리하려고 했죠. 그러나 일본군에 무참히 패배한 후, 명나라는 사태의 심각성을 깨닫고 일본과 화의 교섭을 진행하는 한편 4만의 원군을 다시 보내 유리한 상황을 만들려고 했습니다. 명군의 본격적인 참전으로 인해 일본은 조선과 명을 동시에 상대하는 버거운 상황에 놓이게 된 것입니다. 명나라 입장에서도 조선이 일본에 점령당하게 되면 그 다음이 자신이었으므로 최선을 다해서 막아야만 했죠.

마지막 실수는 조선 백성들의 반발을 예상하지 못했다는 것입니다. 광해군이 세자로 책봉되어 분조分朝. 임진왜란 때 임시로 설치한 조정를 이끌고 각지의 군사들을 독려하였고, 해당 지역의 백성들은 자발적으로 전쟁에 참여하는 의병義兵 활동을 벌이게 됩니다. 한양에서 왕을 잡으려던 일본군의 계획이 수포로 돌아가고 조선 본토를 장악하기 위해 각지로 흩어지면서, 자신이 살고 있는 지역을 지키고 일본군을 물리치려는 의병들의 저항은 더욱 거세졌습니다. 의병은 정규군이 아니기 때문에 전투 기술은 뛰어나지 않았지만, 해당 지역의 지형에 밝아 산발적인 게릴라전에 강했습니다. 또한 일본군의 보급로를 차단하고 전라도로 진출하는 것을 저지하면서 끝없는 공격을 퍼부었습니다.

전쟁이 발발하자마자 자신의 책무를 버려두고 떠난 관리들도 있었지만, 임진왜란 시기 대표적인 의병장들은 대부분 그 지역에 거주하고 있었던 양반이었습니다. 백성들의 존경을 받는 그 지역 양반들이 자신의 재산을 털어 일본군에 맞섰던 것입니다. 홍의장군 곽재우, 조선통신사 김성일 등이 전쟁이 일어나자마자 의병을 이끌며 자신의 나라와 자신이 사는 지역을 지키고자 했어요. 일본은 조선 백성들이 전국적으로 들고 일어나 자신들에게 맞설 것이라고 상상이나 했을까요?

각지에서 의병이 출현해 일본군의 진출을 저지하고, 이순신이 해상을 장악한 상황에서 명나라의 대규모 참전이 이루어지면서 조선은 역전의 발판을 마련할 수 있었습니다. 드디어 속수무책으로 당했던 임진왜란에서 반전의 계기가 만들어진 것입니다.

이순신과 조선 수군의 활약

육지에서 의병들이 일본군의 진출을 막았다면, 바다에서는 이순신이 버티고 있었습니다. 바다로 오는 일본의 보급부대는 이순신이 이끄는 수군을 맞아 큰 타격을 입고 연전연패를 거듭하고 있었습니다. 전쟁 발발 직전, 유성룡에 의해 전라좌수사로 발탁된 이후부터 이순신은 혹시 모를 전란에 대한 준비를 꾸준히 해오고 있었습니다. 거기에 학익진^{학이 날}
개를 펼친 듯한 형태로 적을 포위하여 공격하는 전술으로 대표되는 뛰어난 전략과 물길에 대한 관찰 등을 통해, 적은 병력으로도 일본군과의 병력차를 무마하는 대승을 거둘 수 있었던 것이죠.

임진왜란 당시 이순신의 성과는 옥포해전을 시작으로 사천해전, 당포해전, 한산도대첩 등을 꼽을 수 있겠습니다. 일본 입장에서는 쉽게 끝날 것이라 생각했던 임진왜란이 이순신의 등장으로 인해 큰 위기에 직면하게 되었으니 이순신의 이름만 들어도 등 뒤에서 식은땀이 절로 흐르지 않았을까 생각해봅니다.

　초기 연전연패를 거듭하던 육군의 상황을 떠올려보면 이순신을 중심으로 한 조선 수군의 이러한 강세는 다소 어색하기만 합니다. 조선 육군의 경우, 제대로 된 군사 훈련이 어려웠던 당시의 상황으로 인해 대규모 침략을 방어할 만한 전력이 갖춰지지 못했습니다. 더구나 일본군이 가지고 온 신무기인 조총의 위력 앞에 당황할 수밖에 없었지요. 조총은 임진왜란 발발 직전에 이미 조선 조정에 소개되었습니다. 하지만 조선은 전통적으로 활을 이용한 전술에 능했고 여러 종류의 화포가 있었기 때문에 조총의 성능에 대해 큰 관심을 기울이지 않았죠. 그러나 임진왜란 발발 이후 조총의 위력에 주목하게 됩니다. 임진왜란을 계기로 조선에 수입된 조총은 여러 개량을 거쳐 효종 때에 와서야 우수한 성능을 갖게 되었습니다.

　그러나 수군의 상황은 좀 달랐습니다. 조선이 건국될 당시부터 왜구의 침략은 꾸준히 있었기 때문에 수군의 중요성이 컸습니다. 특히 임진왜란이 일어나기 직전 일본과의 무역이 허용되었던 포구에서 몇 차례의 반란이 일어나면서, 이러한 상황에 대비하기 위해 새로운 전투함이 만들어지게 됩니다. 이때 만들어진 배가 바로 임진왜란 당시 남해를 장악했던 판옥선입니다.

판옥선

　일본의 군선인 관선은 바닥 형태가 V자형으로 물살을 가르며 빠른 속도로 움직일 수 있었습니다. 군사를 실어 나르고 바다 위에서 노략질을 하기 위해 제작된 것이죠. 상대의 배와 직접 부딪쳐 파괴하기 위한 용도가 아니라 배를 가까이 대서 근접전을 벌이는 용도였던 거예요. 반면 조선의 판옥선은 적함을 직접 타격할 목적으로 개발되어 튼튼했고, 함포_{함선에 장비된 대포} 기술이 발달했습니다. 또한 바닥이 U자형이어서 속도는 느리지만 방향 전환이 빨라 암초가 많은 지역이나 전술에 유리했죠. 그러한 판옥선을 개량하여 적진을 교란시킬 용도로 만든 것이 거북선입니다.

　관선과 판옥선의 차이는 전장에서 확연하게 드러났습니다. 일본의 관선은 판옥선의 공격과 함포에 의해 격파되었고, 조선 해안의 지형과 물길 연구가 더해진 판옥선의 위력은 상상을 초월할 정도였습니다. 전함의 수는 일본의 관선이 압도적으로 많았으나, 판옥선에 담긴 기술과 그것을 잘 활용했던 이순신과 조선 수군의 활약으로 불리한 전세를 극복하고 일본의 진출을 저지할 수 있었습니다. 이순신은 왜구와 맞선 경험이 축적되어 있는 수군, 그리고 판옥선을 이끌고 임진왜란 초기 여러 해전에서 승리를 거두었습니다.

휴전, 그리고…

육지에서는 의병이 활약하고, 해전에서는 이순신과 조선 수군의 활약이 두드러짐에 따라 점차 일본군은 수세에 몰리게 됩니다. 보급로마저 끊긴 상황에서 조선 각지에서 발생하는 백성들의 저항과 명나라군의 참전까지 맞닥뜨리게 된 일본은 이러한 상황을 반전시킬 수 있는 계기를 다급히 찾아야 했습니다. 바로 휴전(화친)이었죠. 화친을 먼저 언급한 것은 명나라였습니다. 명나라는 조선에서 전쟁이 길게 이어지는 것을 원하지 않았습니다. 명나라가 변방국인 조선을 지키기 위한 전쟁에 참가하는 일 자체가 크나큰 부담이었던 것이죠. 그렇지만 조선이 일본에 패배할 경우 명나라가 직접적으로 위협받게 되므로 어떻게든 전쟁을 마무리지어야만 했습니다.

초기 일본이 유리한 전황을 선점하고 있었을 당시에는 화친을 위한 교섭이 원활하게 진행되기 어려웠습니다. 그러다 조선과 명나라 연합군이 평양성, 행주산성 등 일본군이 차지하고 있던 주요 거점들을 공격하여 수복하며 유리한 전세를 만들어나갔습니다. 이후 본격적인 휴전 협의가 진행되면서, 일본군은 철수해서 경상남도 일대로 내려가 협의가 진행되는 것을 지켜보기로 했죠. 그러나 휴전 협정이 진행되는 와중에도 일본군은 유리한 고지를 점령하기 위해 진주성과 경주성을 공격해 많은 희생자가 발생하기도 했습니다.

도요토미 히데요시가 원대한 꿈을 꾸고, 명나라를 정벌하기 위해 벌인 전쟁이니만큼, 휴전 협상 과정도 녹록하지 않았습니다. 일본의 요구 사항이 어마어마했기 때문입니다.

- 명나라 공주를 일본으로 시집보낼 것.
- 조선 영토의 절반을 일본에 바칠 것.
- 명나라와의 조공 무역을 허용할 것.
- 조선 왕자 및 대신 12명을 인질로 삼을 것.

이러한 황당한 조건을 명나라가 들어줄 리 없겠죠. 그러니 휴전 협상은 길어질 수밖에 없었고 시간만 흐르고 있었습니다. 그동안 가장 큰 고통을 받았던 것은 누구였을까요? 바로 조선의 백성들이었습니다. 일본은 조선 백성들의 저항이 거세지자 많은 백성들을 학살하고 괴롭혔습니다.

처음에 일본군은 조선 백성들에게 우호적이었습니다. 힘으로 저항하는 백성들과 맞서는 것보다 회유하는 것이 더 효과적으로 지배할 수 있는 방법이기 때문입니다. 그러나 각지에서 벌어진 자발적인 의병 활동과 거센 저항으로 인해 일본군은 조선에 대한 태도를 바꾸게 되었죠.

특히 조선의 지배층이었던 양반들은 일본에 대한 우월감을 가지고 있었습니다. 일본보다 높은 문화 수준을 갖고 있다는 자긍심이었던 셈인데, 일본에게 전 국토가 유린당하고 힘에서 밀린 상황에서도 우리가 그들보다 우수하다고 인식하고 있었던 것입니다.

일본 장수나 군졸 모두 글자를 모른다. 오직 장수 옆을 따르는 한두 명이 겨우 옮겨 쓰지만 뜻은 알지 못한다. 문답을 나눌 때 간혹 문자를 써서 보이지만 모양이 되지 않고 뜻이나 이치가 통하지 않는다.

_권두문, 『남천선생문집』

의병과 수군의 활약으로 전세는 점차 유리하게 흘러가고 있었지만, 임진왜란을 겪으며 드러난 조정의 무능함과 백성들이 겪은 고통은 조선에 깊은 상처를 남겼습니다. 전쟁으로 황폐해진 국토와 기근으로 인해 살아남은 백성들마저도 생계를 이어갈 수 없는 참혹한 나날을 보내야만 했죠.

기근이 극도에 이르러 심지어 사람의 고기를 먹으면서도 전혀 괴이하게 여기지 않습니다. 그러므로 길가에 쓰러져 있는 굶어 죽은 시체에 온전히 붙어 있는 살점이 없을 뿐만 아니라, 어떤 사람들은 산 사람을 도살하여 내장과 골수까지 먹고 있다고 합니다. 옛날에 이른바 사람이 서로 잡아먹는다고 한 것도 이처럼 심하지는 않았을 것이니, 보고 듣기에 너무도 참혹합니다.

『선조실록』 47권, 27년 1월 17일 첫번째 기사

이런 아픔 속에서 임진왜란은 3년간의 소강상태에 들어가게 됩니다. 전쟁의 비극이 여기서 끝났으면 좋았겠지만, 오랫동안 끌어오던 화의가 결렬되고 다시금 전쟁의 기운이 감돌게 됩니다. 임진왜란 이후 또다시 벌어진 전쟁과 흔들리는 조선의 운명, 그리고 임진왜란이라는 비극 속에서 등장한 최고의 영웅 이순신에 관한 이야기는 다음 편에서 이어가도록 하겠습니다.

미래에 대한
최선의 예언자는
과거이다.

조지 고든 바이런, 시인

교과서 밖의 진짜 임진왜란 이야기 2

임진왜란 이야기를 이어갑니다. 1592년에 시작해 2년간 계속된 전쟁은 명나라의 개입으로 일단락되었습니다. 그런데 휴전 상태에서 조선은 배제된 채로 명나라와 일본이 3년에 걸쳐 협정을 맺으려 했지만, 완전한 종전은 이루어지지 않았습니다. 도요토미 히데요시의 무리한 요구 때문이었어요. 그는 명나라의 공주를 일왕의 첩으로 삼겠다는 둥, 조선의 절반 경기, 전라, 경상, 충청을 일본에 양도하라는 둥 받아들일 수 없는 조건을 제시했습니다. 결국 종전은 이루어지지 않았고 다시 2년간의 전쟁이 벌어지죠. 이것을 정유년에 다시 난이 일어났다고 하여 정유재란丁酉再亂이라고 합니다. 1592년부터 벌어진 전쟁을 정확히 구분하면, 초반 2년간의 전쟁이 임진

81

왜란, 3년간의 휴전 이후 다시 2년 동안 전개된 전쟁이 정유재란입니다. 이를 통틀어 7년간의 임진왜란이라 부르는 것이고요.

휴전 상황에서 벌어졌던 일들을 자세히 알아보고 넘어가죠. 어찌됐건 휴전이 되었으므로 선조가 의주에서 한성으로 돌아와 시국을 수습하며 국방력 강화의 일환으로 훈련도감_{수도 경비와 병력 양성을 맡았던 중앙 군영}을 설치해 병력을 양성합니다. 또 기존에 천민은 군역을 지지 않던 제도를 바꾸어 양인과 천민 모두 군제에 편입될 수 있도록 하죠_{속오군 체제}. 그러나 이렇게 나라의 기틀을 다시 세워가던 선조의 눈에 자꾸 거슬리는 인물이 있었으니, 바로 이순신이었습니다. 전쟁에서 혁혁한 공을 세운 인물이 전쟁 후에 눈엣가시가 되는 일은 흔하죠.

백성들의 영웅, 이순신

이순신은 당시 삼도수군통제사_{충청도, 전라도, 경상도의 수군을 총지휘하는 조선시대의 관직}로, 오늘날로 따지면 해군참모총장 정도였습니다. 삼도수군통제사는 원래 있던 관직이 아니라 임진왜란 중에 신설된 관직인데, 처음으로 임명된 사람이 바로 이순신이었습니다. 그에게는 자신이 통제하는 지역 주변의 약 70곳에 달하는 고을 수령들에게 명령을 내릴 수 있는 권한이 있었습니다. 또 보급을 목적으로 산업을 발전시키고 개간을 하여 일자리를 만들다 보니, 이순신이 있는 수군 부대 쪽으로 사람들이 몰려들었어요. 이순신이 통제하는 해안 지대가 가장 안전하고 살 만하다고 여긴 것이죠. 원래 조선시대에는 왜구의 잦은 출몰과 외지에 백성을 두지 않으려는 정책적 영향으로 해안가에 인구가 별로 없었습니다. 그런데 임진왜란 때 이순신의 명성으로 인해 오히려 인구가 증가하는 기현상이 나타난 거예요.

이처럼 이순신은 전라도 지역에서 막대한 권한을 행사하고 있었고 그가 통솔하는 군대의 수는 조선 전체 병력의 절반에 달했습니다. 조정 입장에서는 이순신의 영향력이 지나치게 크다는 생각을 할 만했겠죠. 게다가 이순신은 전쟁중에는 오늘날의 합참의장 4성 장군으로 군 서열 1위에 해당하는 도원수 고려와 조선시대 전시에 군대 전체를 통솔하던 임시 무관직나 군 최고 통수권자에 해당하는 왕의 명까지 무시하면서 일본군에 대적했어요.

그럼에도 조정 입장에선 아무 말도 할 수 없었던 것이, 이순신은 조정에서 어떤 지원도 받지 못한 채 자체적으로 군량미를 마련하고 군사를 훈련했는가 하면, 백성들을 다독여

가며 모든 전쟁 물자를 생산해 일본군을 몰아내는 데 결정적인 공을 세웠기 때문입니다. 하지만 자신의 권위를 위협하는 인물을 용인할 수 없었던 선조는 어떻게 해서든 이순신을 무너뜨리기 위해 기회를 엿보고 있었죠.

역사적인 영웅으로 칭송받는 이순신이었지만, 한편으로는 성격이 너무 강직하고 처세에 능하지 못한 원칙주의자이기도 했습니다. 그런 까닭에 자신의 공을 시기하던 원균임진왜란 때 이순신 휘하에서 함께 일본 수군을 무찔렀고, 이순신이 파직당하자 뒤를 이어 수군통제사가 되었다과 끊임없이 반목하기도 했죠. 나이도 경력도 많았던 무과 선배 원균이 이순신 휘하에 있으려니 배가 아팠던 건 어쩌면 당연한 일이었는데, 이순신은 이를 유연하게 무마하기보다는 물러섬 없이 맞대응했습니다. 또한 왕명에도 적당히 순응하며 왕의 심사를 거스르지 않을 방법들이 있었겠지만, 자신이 생각하는 방향과 다를 경우 항명하기를 주저하지 않았습니다. 그런 행동으로 조정의 눈 밖에 날 수 있다는 것을 알면서도 소신에 따라 움직인 것이죠.

전쟁중에 이런 일도 있었어요. 전라도로 내려와 전쟁을 지휘하던 세자 시절의 광해군이 이순신에게 무과 시험을 치를 예정이니 전주로 예비 무관들을 보내라고 지시합니다. 이에 이순신은 전쟁중이라 무인들을 보낼 수 없고, 자신이 직접 관리, 감독하여 무과 시험을 진행하겠다고 말하죠. 당시 한산도에 있었던 이순신은 '먼바다에 떨어져 있는 외딴섬이라 말을 달릴 만한 땅이 없어' 갈 수 없음을 피력했지만, 이런 태도가 안하무인 격이라 하여 그를 꾸짖는 상소가 빗발치듯 올라옵니다. 하지만 이순신은 이런 비판들에 대해 『난중일기』에 이렇게 적어두었죠.

순천전라 좌수영으로부터 온 보고를 보니 '(한산도) 진중에서 과거를 보자고 (이순신이) 동궁세자-광해군 께 장달을 올린 것은 아주 잘못된 것이니 벌을 주어야 한다는 내용이 있습니다' 하였다. 가소로운 일이다.

_『난중일기』 1594년 2월 4일

위기의 이순신

전쟁 초기 화려한 공을 세우며 활약하던 이순신은 휴전 이후 이렇다 할 전투가 없어지자 공을 세울 기회가 없어 다소 불리한 입장에 놓이게 됐습니다. 그러던 중 어떤 결정적인 사건으로 인해 관직에서 물러나 백의종군 흰옷을 입고 군대를 따름. 즉 벼슬이 없는 말단 군인으로 전장에 나감하는 처지가 되는데요, 사건의 전말은 이렇습니다.

휴전 후에도 끊임없이 군량미를 모으고 전력을 증강시키던 이순신에게 어명이 내려옵니다. 전라도에 있는 이순신의 수군 기지를 경상도 쪽으로 옮겨 일본의 침략에 좀더 직접적으로 대응하라는 거였죠. 하지만 이순신의 생각은 달랐습니다. 그는 경상도까지 나아가 일본군과 정면으로 부딪칠 경우, 기다리며 상대의 전열을 살필 기회가 없어 지금에 비해 훨씬 불리할 것이라는 입장이었습니다.

결국 기지 변경을 두고 조정과 이순신 사이에 대립이 생겨납니다. 이때 일본군 첩자로부터 곧 일본이 침략을 재개할 거라는 내용의 첩보가 들어왔어요. 이에 조정은 이순신에게 즉각 부산 앞바다까지 출격해 일본의 공격을 막으라고 명령합니다. 그러나 이순신은 이 첩보의 진위가 의심스럽다며 항명하죠. 한데 문제는 이 첩보가 사실이었고, 정말 일본군이 쳐들어왔다는 겁니다. 조정은 이순신의 항명 사태로 인해 들끓어 오릅니다. 이순신의 거듭된 항명과 이순신의 공로에 대한 비판이 본격적으로 이루어지게 된 것이었죠. 선조의 생각은 이러했습니다.

나는 이순신의 사람됨을 자세히 모르지만 성품이 지혜가 적은 듯하다. 임진년 이후에 한 번도 거사를 하지 않았고, 이번 일도 하늘이 준

기회를 취하지 않았으니 법을 범한 사람을 어찌 매번 용서할 것인가. 원균元均으로 대신해야 하겠다. (…) 이순신은 자기가 계책을 세워 한 것처럼 하니 나는 매우 온당치 않게 여긴다. 그런 사람은 비록 청정淸正 일본군 장수 가토 기요마사를 가리킴의 목을 베어 오더라도 용서할 수가 없다.

_『선조실록』84권, 30년 1월 27일 세번째 기사

이 죄를 물어 선조는 기다렸다는 듯이 이순신을 잡아들입니다. 붙잡혀 간 이순신은 감옥에서 온갖 고초를 겪은 후 일반 병사로 격하되어 권율 장군 아래로 들어가게 됩니다. 이순신이 맡고 있던 삼도수군통제사 자리는 원균이 차지했고요. 하지만 원균이 이끄는 수군은 이순신이 있을 때만큼 위력을 발휘하지 못했고, 모든 전투에서 연전연패하는 바람에 결국 이순신이 다시 복직하는 계기를 마련해주죠.

원균의 눈물

이 과정에서 원균은 선조와 함께 임진왜란 당시 우리나라를 위기로 몰아넣은 무능의 아이콘으로 역사에 남게 되는데요. 따져보면 원균 입장에서도 난감한 일이 적지 않았습니다. 일단 원균이 전장에 가보니, 조정에서 탁상공론으로 내려오는 명령이 현실과 전혀 맞지 않는다는 사실을 곧바로

알게 됩니다. 그러면서 이순신이 왜 항명을 했는지 온몸으로 이해하죠. 게다가 이순신에게 충성하던 참모진과 백성들은 원균을 무시하며 그의 지시를 잘 따르지 않았습니다.

여러모로 어려운 상황에 처한 원균에게 조정은 다짜고짜 부산 앞바다로 나가 싸우라는 지시를 내려요. 하지만 원균이 생각하기에 부산 앞바다에는 분명 일본군이 매복해 있어 함부로 공격할 경우 패할 것이 불 보듯 뻔했습니다. 그래서 원균도 항명을 합니다. 이에 도원수 권율이 원균을 불러 명령에 따르지 않는다며 곤장을 치는 일이 생기죠. 고위 관직인 삼도수군통제사가 도원수에게 곤장을 맞는 일은 사실상 상상도 할 수 없는 모욕이었습니다. 그렇게 돌아온 원균은 결국 160여 척의 전선을 이끌고 울며 겨자 먹기로 부산 앞바다로 출정하죠.

하지만 예상했던 대로 일본군의 기습을 두 차례나 받고, 원균의 부대는 1만 명에 달하는 수군과 이순신이 피땀 흘려 건조한 군함마저 상당수 잃고 맙니다. 이 과정에서 원균도 목숨을 잃고요. 그러나 원균의 패배는 개인의 잘못이라고만 보기는 어려워요. 전황을 제대로 살피지 못한 조선 조정의 그릇된 명령이 가장 주요한 요인이었습니다.

코 무덤의 비극

원균의 죽음과 함께 전라도 수군은 사실상 궤멸하고, 일본군이 남해를 장악해 경상도뿐 아니라 전라도에까지 상륙하기 시작합니다. 순식간에 한산도와 순천 지역을 장악한 11만 일본군은 전주성까지 치고 올라갔어요. 이때 일본군은 수많은 조선 백성과 군인을 살해하고 국토를 유린합니다. 왜냐하면 조선과 함께 명나라를 치는 것이 목적이었던 임진왜란과 달리, 정유재란은 일본이 한반도의 남부 지방을 완전히 일본의 국토로 삼고자 일으킨 전쟁이었거든요. 명나라를 치는 것은 고사하고 한반도의 완전한 지배조차 어렵다고 판단한 도요토미 히데요시의 현실적인 방향 전환인 셈이죠. 그들은 조선과 명나라의 전의를 꺾고 한반도 이남의 땅을 식민지로 복속시키기 위해 공포심을 심어주는 잔인한 짓을 서슴지 않았습니다.

전라도와 충청도 일대를 공격한 왜군들은 앞다투어 무고한 백성들을 마구 죽이고 닥치는 대로 코와 귀를 베었습니다. 이는 조선인의 코를 베어낸 수만큼 공로를 인정해주겠다는 도요토미 히데요시의 명령 때문이었어요. 전투에서 사망한 군인은 물론, 민간인 남녀노소를 가리지 않았습니다. 이 때문에 조선 천지가 피바다가 되었고, 마을엔 귀와 코가 잘린 어린아이들이 피투성이가 되어 우는 소리가 진동했습니다.

심지어 금줄이 달린 집에 들어가 산모와 갓난아이의 코까지 베었다고 하니 그 잔혹함을 이루 말할 수 없습니다. 코가 잘린 산모가 때마침 놀다 들어온 큰아이에게 "이비耳鼻야가 왔으니 달아나라"고 했다는 얘기에서, 오늘날 어른들이 위험하다며 아이들을 말릴 때 하는 말 "에비! 에비야!"가 유래

했다는 이야기가 있습니다. 비극적인 역사가 담겨 있는 가슴 아픈 이야기죠.

　일본 병사들은 베어낸 조선인들의 코를 담아 피투성이가 된 바구니를 허리춤에 달고 싸웠고, 왜군 부대장들은 이를 모아 썩지 않도록 소금, 식초 등에 절인 후 나무통에 1000개씩 넣어 일본으로 보냈습니다. 베어진 코가 일본에 도착하면 도요토미 히데요시는 그 수를 확인하여 코 영수증을 발급해 무사들에게 보냈습니다.

　적병은 무릇 우리나라 사람을 붙잡기만 하면 모두 코를 베어 위세를 보였다.

_유성룡, 『징비록』

　도요토미 히데요시는 왜장들에게 머리 대신 코를 베어 오게 하였으므로 왜군들은 우리나라 사람들을 보기만 하면 족족 죽이고 그 코를 베어 소금에 담아서 보냈다.

_강항, 『간양록』

　지금도 일본 교토에는 '이총耳塚'이라 하여 임진왜란 당시 조선에서 베어 간 코와 귀를 묻어놓은 무덤이 존재합니다.

원래는 코 무덤이라 불렀으나 그 명칭이 지나치게 야만적이라 하여 귀 무덤으로 부르게 되었죠. 무덤의 안내문에는 "조선국 남녀의 귀와 코를 잘라 소금에 절여 일본에 가지고 와서 도요토미 히데요시의 명에 따라 이곳에 묻었다"고 쓰여 있습니다.

내가 무슨 할말이 있겠느냐, 선조의 후회

일본군이 만행을 일삼고 있을 때, 궁지에 몰린 선조는 다시 이순신을 찾게 됩니다. 이순신을 다시 불러들이기에 면목이 서지 않았던 선조는 그를 내친 것을 사과하며 통제사에 재임명하겠다는 내용을 담은 「기복수직교서起復授職敎書」라는 편지를 보내죠. 임금이 신하에게 '내가 무슨 할말이 있겠

「기복수직교서」

느냐'며 면목 없어하는 이 유례없는 사과 서신을 이순신은 두말없이 받아들였고, 복직되어 전장으로 향합니다.

무슨 할말이 있으리오, 무슨 할말이 있으리오.

그대의 직함을 갈고 그대로 하여금 백의종군하도록 하였던 것은 역시 이 사람의 모책이 어질지 못함에서 생긴 일이었거니와, 그리하여 오늘 이같이 패전의 욕됨을 만나게 된 것이라 무슨 할말이 있으리오.

이제 그대를 평복 입은 속에서 뛰어올려 도로 옛날같이 전라좌수사 겸 충청, 전라, 경상 삼도수군통제사로 임명하노니, 그대는 도입하는 날 먼저 부하들을 불러 어루만지고 흩어져 도망간 자들을 찾아다가 단결시켜 수군의 진영을 만들고 나아가 요해지를 지켜줄지어다.

이순신은 백의종군하는 동안에 모친상을 당하는 등 개인적인 악재까지 겪었지만, 임금을 원망하거나 비관하지 않고 끊임없이 전황을 살피며 기회가 돌아왔을 때 전투에서 이길 수 있는 방법을 연구했습니다. 본인에 대한 처우와 상관없이 언제나 국가를 살피고 백성을 걱정하던 인물이었습니다.

신에게는 아직 열두 척의 배가 있나이다

하지만 현장에 와보니 원균의 패전 이후 무너진 조선 수군은 일본군과 맞서기에는 병력도 물자도 너무나 부족했습니다. 남아 있는 배는 겨우 열두 척이었고요. 선조는 수군의 전력이 너무 약하니 권율의 육군과 합쳐 부대를 재편하라는 명령을 내립니다. 하지만 이순신은 또 한번 항명을 하죠. 가슴이 뜨거워지는 그 유명한 항명은 이렇습니다.

> 임진년부터 5~6년에 이르는 동안 적이 감히 양호兩湖, 충청과 전라 지방에 쳐들어오지 못한 것은 주사舟師, 수군로 그 바닷길을 막아낸 때문이옵니다. 지금 신에게 아직 열두 척의 전선이 있으니, 죽을힘을 다하여 막아 싸운다면 능히 대적할 방책이 있사옵니다. 이제 만일 주사를 모두 폐지하신다면 이는 적이 다행하게 여기는 바일 것이며, 호남 해안으로부터 한강까지 일약에 진격할 것인즉, 이는 신이 가장 두려워하는 바입니다. 전선이 비록 적다고 하더라도 미신微臣, 미천한 신이 죽지 아니한즉, 적이 감히 우리를 가볍게 여기지 못할 것이옵니다.
>
> _이순신의 장계, 『이충무공전서』, 1597년(선조 30) 9월

'겨우 열두 척밖에'가 아니라 '아직 열두 척이' 남아 있다는 희망과 자신감으로 무장한 결연한 의지는 누구도 막을 수가 없었습니다. 만약 이순신마저 남해에서 일본군을 저지

하지 못한다면 일본 수군은 그대로 서해까지 밀고 올라가 경기 지역을 점령한 후, 한강을 통해 상륙과 보급을 해결하며 완전히 한반도 이남을 장악할 수 있었기 때문에 이순신의 역할에 조선의 운명이 달려 있었죠. 이순신은 전력을 보강해 일본에 대항할 준비를 하고, 일본군을 막을 수 있는 마지막 보루로 명량해협을 점찍습니다.

이곳이 지금의 진도 앞바다인데요, 다리가 놓여 있을 정도로 육지와 섬 사이가 좁습니다. 따라서 적은 병력으로도 대군을 막기가 용이했죠. 하지만 지리상의 이득을 취한다 해도 전력의 열세는 분명했어요. 이순신의 배는 기존 열두 척에서 한 척이 늘어난 열세 척에 불과했거든요.

그렇지만 승부는 피할 수 없이 다가왔습니다. 명량해협에서 133척의 배에 올라탄 일본군과 이순신이 이끄는 13척의 조선 수군이 맞붙었는데요, 처음엔 겁에 질린 조선군의 배가 한 척도 움직이지 못해 앞장선 이순신이 탄 배만 133척의 일본 군함과 전투를 벌였습니다. 곧이어 이순신의 호령에 정신을 차린 부하 장수들이 전진하여 이순신을 지원했고, 전투중에 일본군 대장이 죽어 그의 목이 조선 수군의 돛대에 걸리는 일이 벌어지면서 일본군의 사기가 급격히 떨어짐

임진왜란 해전도

니다. 그 기세를 밀고 나가 불과 13척이 133척의 배를 격파하는 역사적인 명량대첩이 이루어지죠. 명량대첩의 숨겨진 비밀 중 하나는 이순신의 위장 전술인데요, 이순신은 군함 13척 뒤에 수백 척에 달하는 백성들의 고깃배를 세워 상대를 기만했습니다. 이에 속아 조선 함선의 수가 적지 않다고 생각한 일본군은 함부로 전격적인 공격을 할 수 없었고요. 과연 전략의 천재다운 기발한 발상입니다(80쪽 명량대첩 해전도를 참조해보세요).

이순신의 활약으로 조선과 명나라가 반격의 기회를 마련할 때쯤, 일본 본국에서는 도요토미 히데요시가 병사病死하며 전쟁을 그만두라는 유언을 남깁니다. 이에 일본군은 급히 후퇴하는데, 물러가는 적을 굳이 공격할 의사가 없었던 조선군과, 일본군에게 뇌물을 잔뜩 받은 명나라 장군은 허겁지겁 후퇴하는 일본군을 추격하지 않았습니다. 오직 한 사람, 이순신만 달랐죠. 우리 국토를 유린한 적군을 놓아줄 수 없다며 통수권을 가진 명나라 장군의 반대를 무시하고 추격에 나섭니다. 그리고 마지막 전투가 된 노량해전에서 무수한 적선을 격파하는 전공을 올리던 도중, 이순신은 적의 흉탄에 맞아 생을 마감하게 되죠. 이순신의 죽음을 접한 수많은 군병과 백성이 오열하였으나, 선조의 반응은 냉담하기만 했습니다. 임금은 그저 "알았다"는 짧은 말로 보고에 답합니다.

전쟁의 종료

이순신의 죽음과 함께 정유재란도 끝이 납니다. 그러나 수많은 전공을 세운 후 마지막 순간에 세상을 떠난, 마치 영화와도 같은 이순신의 죽음이 너무나 안타깝고 원통해서였을까요? 일부에서는 이순신이 자살한 것 아니냐는 설이 돌기도 했습니다.

이순신은 적의 총탄에 맞아 죽었다고 알려져 있죠. 임진왜란 당시 의병장 김덕령의 활약을 다룬 『김충장공유사』라는 책을 보면 이순신이 갑옷을 벗고 적탄에 맞아 죽었다고 적혀 있거든요. 전쟁중에 그는 왜 갑옷을 벗었을까요? 죽기를 작정하지 않는 이상 전장에서 장수가 굳이 갑옷을 벗을 이유가 없을 텐데 말이죠. 전쟁에서 살아 돌아가봤자 어차피 선조의 손에 죽을 것임을 알았던 이순신이 차라리 전장에서 죽는 길을 택했던 것일까요? 하지만 이러한 기록은 이순신이 죽은 후 거의 100년이 지난 뒤에 만들어진 것입니다. 더구나 이순신에 대해 기록한 책이 아니라 김덕령이라는 의병장의 행적을 기록한 책이에요. 따라서 이 책에 언급된 내용을 그대로 믿긴 어려울 것 같습니다.

이순신의 조카인 이분이 쓴 글에 따르면 총에 맞은 이순신이 "전쟁이 시급하니 내 죽음을 알리지 말라"고 했다는데요. 이토록 나라의 안위와 전쟁을 걱정하던 이순신이 전투 도중 스스로 갑옷을 벗고 일부러 총에 맞았다는 건 신빙성이 떨어지는 이야기라고 봐요. 아마 이순신의 죽음을 안타까워하고 믿고 싶지 않았던 사람들에 의해 구전처럼 떠돌던 소문이 후대에까지 전해져 기록된 것이 아닐까 생각해봅니다. 그만큼 백성들이 이순신을 존경했다는 걸 증명해주는 일화라고 할 수 있겠죠.

한편 전쟁이 끝나면 세자에게 왕위를 물려주고 물러나겠다고 아홉 번이나 공언했던 선조는 전쟁이 끝난 후에도 물러나지 않고 죽는 날까지 왕좌를 지켰습니다. 전공戰功을 따지면서는 명나라의 공을 최우선으로 치고, 목숨을 바쳐 국토를 지킨 이순신과 수많은 의병의 공은 인정해주지 않았어요. 이는 자신과 관군의 무능을 나라 전체의 무능으로 돌리면서 그저 중국의 힘으로 외적을 물리쳤다고 믿고 싶어했던 선조의 이기심에서 비롯된 행동이죠.

이후 조선 조정의 명을 숭상하고자 하는 의식은 더욱 강해져 조선 후기 숙종 때는 중국 황제나 관운장중국 삼국시대 촉나라의 무장 관우. 『삼국지연의』에서 충신의 전형으로 등장했고, 송대 이후로 중국 민간신앙의 대상이 되기도 했다처럼 중국에서 숭상하는 인물의 무덤을 조선 땅에 만들어 제사를 지내기도 했습니다. 이렇게 전혀 반성하지 않고 자리 지키기에 급급했던 선조의 행태는 『조선왕조실록』에서마저 신랄하게 비판하고 있죠.

엇갈리는 동아시아 3국의 운명

마지막으로 임진왜란과 정유재란이 이후 동아시아 정세에 미친 영향을 정리해보겠습니다. 명나라는 임진왜란으로 직접적인 피해는 입지 않았지만 7년에 걸쳐 원군을 파병하면서 군사력을 소모한 끝에 국가 기반이 흔들렸고, 결국 멸망의 길을 걷게 됩니다. 임진왜란이 지속되는 동안 힘을 키운 여진족이 명나라를 몰아내고 청나라를 세우게 되죠.

조선은 나라의 문을 닫지는 않았으나 동아시아 강대국의 위치에서 확실히 내려왔다고 볼 수 있겠습니다. 오랜 전쟁 속에 국토는 황폐해졌고, 수많은 문화유산을 잃었으며, 일본군의 조직적인 학살로 인구가 크게 줄어들었지요. 게다가 전쟁 피해를 복구하는 과정에서 나라의 근본 체제마저 무너지게 됩니다. 나라를 지키지 못한 성리학자들에 대한 신뢰가 땅에 떨어지자, 집권층은 예학이라는 학문을 연구해 더욱 엄격한 성리학 사회를 유지하려 했습니다. 하지만 이와는 모순되게 전쟁 후의 재정적 위기를 타개하기 위해 돈이나 재물을 주고 양반 신분을 살 수 있는 공명첩, 납속을 발행하죠. 이로 인해 일반 평민은 물론 천민들까지 쉽게 양반이 될 수 있었고, 양반의 수가 급속히 늘어나 조선을 지탱해오던 신분제의 근간이 흔들리고 맙니다. 조선 후기에는 양반의 수가 인구의 70퍼센트까지 차지하는 지역도 있었다고 합니다.

이에 반해 전쟁에는 패했지만 본토는 아무런 피해도 입지 않은 일본은 임진왜란을 계기로 크게 발전합니다. 또 일본은 전쟁중에 선진국 조선의 문화와 기술을 여러 가지 훔쳐가 흡수하는데요. 이때 상당수의 조선 장인과 학자 들을 잡아갔습니다. 일반 백성들도 노예로 많이 끌려갔고요. 그중에서도 특히 도자기를 만드는 도공들을 데려가 도자기 제작을 장려했고, 그렇게 조선의 기술로 만든 도자기를 유럽에 팔아 부를 축적했습니다. 조선으로부터 수입한 성리학과 문화를 중심으로, 일본은 문화 발전의 토대 위에서 빠르게 정치적 안정을 꾀할 수 있었습니다.

임진왜란은 결론만 보면 조선이 승리한 전쟁처럼 보이나, 이는 정말이지 상처뿐인 영광에 지나지 않습니다. 전쟁으로 인해 국토는 황폐해졌고, 임진왜란 중에 드러난 갖가지 병폐와 사회 모순을 해결해야 하는 과제들이 놓여 있었습니다.

간혹 임진왜란으로 인해 근대로 가는 기회가 좌절되었다고 보는 분들도 있습니다. 그러나 임진왜란은 일본이 조선을 침략하기 위해 벌인 침략 전쟁이었습니다. 전쟁에 대한 책임을 피해 국가에 돌리고, 조선이 약했기 때문에 전쟁이 발생했다는 논리는 가해 국가 혹은 강대국에 의한 전쟁을 합리화하려는 변명일 뿐입니다. 일제강점기도 마찬가지였죠. 발전하지 못했거나 약했기 때문에 치욕스러운 역사를 경험하게 된 것이 아니라, 다른 국가에 대한 침략 전쟁 자체가 잘못된 것입니다.

물론 전쟁의 과정에서 드러난 조선 조정의 모순과 불합리함은 반성해야 하는 역사로서 기억해야 합니다. 그러나 우리가 임진왜란에 대해 조금 더 정확히 이해하기 위해서는 이 전쟁의 본질이 침략이었다는 것을 인식해야 합니다. 그래야만 침략 전쟁에 직면한 조선에서 어떠한 대응을 했는지, 그리고 침략 전쟁으로 인해 그 이후의 사회가 어떻게 달라졌는지를 알 수 있겠죠?

인류에게 가장 큰 비극은
지나간 역사에서 아무런 교훈도
얻지 못한다는 데 있다.

아널드 조지프 토인비, 역사학자

3·1운동(1919.3.1)   거족적인 규모의 독립만세운동. 국내의 종교 지도자와 지식인, 학생 들이 중심이 되어 서울에서 「독립선언서」를 낭독하는 것을 시작으로 전국과 해외로 확산되어 우리 민족의 강한 독립 의지를 만방에 알렸다.

그곳에 학생들이 있었다, 3·1운동

흔히 청소년기를 질풍노도의 시기라고 합니다. 빠른 바람과 거친 파도의 시기, 매우 혼란스럽고 방황하는 때라는 의미로 많이들 그렇게 부르지요. 제가 학생들을 가르치며 알게 된 사실은 이렇게 이리저리 흔들리던 청소년들이 마침내어떤 목적을 찾으면 무서울 정도로 달려간다는 거예요. 그도 그럴 것이, 알 수 없는 무언가를 찾기 위해 혼란스러운시기를 보내다가 드디어 목적지를 발견하면 얼마나 반갑겠어요. 앞뒤 잴 이유가 없는 거죠. 그래서 저는 질풍노도의 시기를 뜨거운 열정이 잠재한 폭풍 전야의 시기라 생각합니다. 지금 소개해드릴 역사적 사건도 이 뜨겁고 열정적인 청소년들에 관한 이야기입니다.

제가 3·1운동 이야기를 꺼내기에 앞서 청소년들, 즉 학생들을 언급한 이유는 실제로 3·1운동의 도화선을 당겨 터뜨리고 운동을 이끈 주역에는 민족대표 33인 말고도 학생들이 있기 때문입니다. 민족대표 33인으로 인해 시작된 3·1운동의 불씨가 학생들을 통해 전국 각지로 퍼져 나가게 된 것이죠. 지금의 학생들과 처한 입장과 환경이 많이 달랐다고 해도, 불과 10대였던 청소년들이 이뤄낸 것이 그 위대한 3·1운동이라 생각해보면 새삼 놀랍고 대견한 마음이 듭니다.

만세운동의 배경

먼저 3·1운동이 일어난 배경을 살펴보겠습니다. 3·1운동이 벌어진 1919년은 일제에 국권을 빼앗긴 지 10년째 되던 해였습니다. 무단통치_{일제가 국권 강탈 후 헌병으로 치안을 유지하며 우리 민족을 무력으로 다스린 통치}라는 살벌한 상황 속에서 전국 단위의 만세운동이 벌어졌다면 뭔가 계기가 있었겠죠? 1918년에 제1차 세계대전이 끝나고 승전국들은 앞으로 또다시 벌어질 전쟁을 방지할 새로운 국제 질서를 고민하고 있었습니다. 이에 1919년 1월 파리에서 열린 회의에서 미국 대통령 윌슨이 '민족자결주의'를 제창해요. 민족자결주의의 요지는 제1차 세계대전의 원인이 강대국들이 무분별하게 식민지를 확장하는 과정에서 벌어진 갈등이었음을 지적하면서, 이런 식민주의를 버리고 약소민족이 자립할 수 있게 유럽의 열강으로부터 해방하자는 것이었습니다.

이런 발언의 맥락으로 볼 때 식민지에서 독립하고자 하는 약소민족 중에 우리 한민족이 포함된다고 해석할 여지가 충분했습니다. 아직 힘은 없지만 강대국 지도자들이 나서준다면 외교를 통한 독립을 시도할 수 있겠다는 희망을 얻은 거죠. 이 흐름을 타고 1919년 2월 8일에 일본 도쿄 YMCA 회관에서 재일 조선인 유학생들이 조선청년독립단이라는 조직을 결성해 만세운동을 벌입니다. 이 운동은 나중에 2·8독립선언이라고 명명됩니다. 이 선언문을 쓴 사람이 그 유명한 이광수입니다. 나중에 친일파로 변절하지만요.

전全조선청년독립단은 아我 2000만 조선 민족을 대표하여 정의와 자유의 승리를 득得한 세계 만국의 전前에 독립을 기성하기를 선언하노라. 4300년의 장구한 역사를 유有하는 오족吾族은 실로 세계 최고 문명 민족의 하나이라 (……) 일본이나 혹은 세계 각국이 오족에게 민족 자결의 기회를 여與하기를 요구하며 만일 불연不然하면 오족은 생존을 위해 자유행동을 취하여 오족의 독립을 기성하기를 선언하노라.

만세운동 이전인 1월 중순 송계백이라는 학생이 「2·8독립선언문」 초안을 숨겨 조선에 들어옵니다. 당시에는 온몸을 샅샅이 수색하는 삼엄한 검문이 이루어졌는데, 이때 송계백은 기지를 발휘하여 「독립선언문」 초안을 적은 비단 수건을 돌돌 말아 학생들이 쓰고 다니던 사각모 챙 속에 숨겨 들어옵니다. 송계백은 독립운동가이자 교육가로서 당시 중앙학교 교사로 있던 현상윤을 찾아가 초안을 보이며 학생들의 거사 계획을 알립니다. 이에 감동한 현상윤은 중앙학교 교장이었던 송진우와 친구인 최남선에게 이 사실을 알리고, 그들은 함께 민족대표였던 최린을 찾아갑니다. 그리고 최린이 최종적으로 이것을 동학의 제3대 교주이자 민족대표였던 손병희에게 전달하죠. 이를 본 손병희는 "일본의 심장부인 동경에서도 어린 학생들이 저렇게 독립운동을 준비하는데 우리도 가만히 있을 수 없다"고 하며 국내 독립운동을 논의합니다. 결국 손병희와 최남선 등이 뜻을 모아 「기미독립선언서」^{「3·1독립선언서」} 초안을 쓰고, 당시 보성중학교 교내 인쇄소인 보성사에서 비밀리에 선언문과 태극기를 인쇄해 만세 시위를 벌이기로 결의하죠.

오등吾等은 자玆에 아我 조선의 독립국임과 조선인의 자주민임을 선언하노라. 차此로써 세계만방에 고告하야 인류 평등의 대의를 극명克明하며, 차此로써 자손만대에 고誥하야 민족자존의 정권正權을 영유永有케

하노라. (……)

우리는 이에 우리 조선이 독립한 나라임과 조선 사람이 자주적인 민족임을 선언하노라. 이로써 세계 모든 나라에 알려 인류가 평등하다는 큰 뜻을 똑똑히 밝히며, 이로써 자손만대에 일러 민족의 독자적 생존의 정당한 권리를 영원히 누리도록 하노라. (……)

시위를 하는 이유는 분명했습니다. 해외 열강이 약소민족의 독립을 지원한다고 했어도 정작 그 약소민족이 독립 의지가 있는지는 확인할 길이 없었죠. 그렇기에 평화적 시위를 통해 조선이 독립하고자 한다는 걸 전 세계에 확실히 보여주자는 것이었어요.

규모 있는 시위를 하기 위해서는 철저한 사전 계획이 필요했고 조직적으로 움직여야 했는데, 이게 쉽지 않았습니다. 일제강점기에 일본이 우리나라를 통치하던 방식은 여러 가지가 있었는데, 1910년대는 무력을 앞세운 무단통치 시기였어요. 거리에 헌병을 배치해놓고 조선인 세 명만 모여 수군거려도 달려들어 함부로 때리거나 가둬버렸죠. 집회, 결사의 자유가 없었기에 조선인들이 모이는 것 자체가 불가능했습니다. 유일하게 합법적인 모임은 학교와 교회뿐이었어요.

그랬기 때문에 전국적인 조직망을 갖춘 종교인들과 학생들이 독립운동을 주도할 수 있었던 것입니다. 민족대표 33인의 면면을 따져보면 모두 종교 지도자들이에요. 손병희를 중심으로 한 천도교^{동학} 15명, 이승훈이 중심이 된 기독교가 16명, 한용운과 백용성 2명이 참여한 불교 지도자까지 합쳐 총 33명이 된 거죠. 이들이 일본 헌병의 눈을 피해 대대적인 만세운동을 벌일 계획을 세웁니다.

날짜가 3월 1일로 정해진 것은 당시 민족 대표 33인 회의의 결과예요. 1919년 1월 21일 조선의 임금이었던 고종이 사망했어요. 황제의 장례를 치르기 위해 전국 단위로 사람들이 몰려들고 있었습니다. 3월 3일, 인산일^{장례일}을 거삿 날로 잡자는 의견이 있었지만 황제에 대한 불경이라는 천도교의 주장 때문에 3월 2일로 정하려 했죠. 그런데 3월 2일은 일요일이었던지라 안식일을 피해야 한다는 기독교계의 주장이 있어 3월 1일 토요일로 날짜가 정해졌고, 장소는 유동인구가 가장 많은 종로의 탑골공원^{파고다공원}으로 확정됩니다.

드디어 밝아온 운명의 날

운명의 3월 1일이 다가왔습니다. 원래의 계획은 이랬습니다. 민족대표와 학생들이 정오에 탑골공원에서 만나 민족대표 측이 「독립선언서」를 낭독하면 학생들이 사람들에게 선언문과 태극기를 나눠주며 함께 만세를 부르는 것이었죠. 학생들은 그날 일찍 나와 민족대표를 기다리고 있었는데 약속 시간이 지나도 민족대표들이 현장에 나타나질 않았어요. 왜 나타나지 않았을까요? 자칫 일이 걷잡을 수 없이 커져 인명 피해가 발생할 상황을 우려했던 건 아닐까요?

그럼 정오가 지난 그 시간에 민족대표들은 어디에 있었을까요? 그들은 약속 장소인 탑골공원으로 가다가 방향을 돌려 인근에 있던 고급 요리주점 태화관이라는 곳으로 향합니다. 그리고 일행 중 한 사람인 최린이 태화관 사장 안순환을 시켜 총독부에 전화를 걸어 민족대표 일동이 독립선언식을 거행한 후 축배를 들고 있다고 통고하게 합니다. 일종의 '자수'를 한 셈이죠. 앞서도 언급했듯, 민족대표들은 학생들의 참여로 인해 인명 피해가 발생할까 우려했던 것 같습니다. 3·1운동의 목적은 우리 민족이 독립할 의지가 있다는 것을 일제와 세계만방에 알리는 것이었으므로, 무고한 희생이 발생하면 안 된다는 생각이었거든요. 그래서 그들은 나라를 잃은 우리 민족을 대변하여 우리의 독립 의지를 알리고 스스로 일제에 자수함으로써 모든 책임을 지려고 한 것이라고 추측해봅니다.

이 소식을 들은 일본 경찰은 즉각 80여 명의 경찰대를 파견하였고, 곧 태화관은 포위됩니다. 이때 민족대표들은 독립을 선언하는 한용운의 간단한 식사를 들은 후, 그의 선창으로 대한독립만세를 제창한 뒤 스스로 일본 경찰에 연행되었습니다. 그렇다면, 이렇게 민족대표들이 연행되어버리고 난 후, 3·1운동의 불씨는 누구에 의해 활활 타올랐던 것일까요?

같은 시각, 탑골공원

탑골공원에 모여 있던 학생들은 아무리 기다려도 민족대표들이 오질 않자 어찌할 바를 모르고 있었습니다. 그런데 갑자기 한 용기 있는 학생이 단상으로 뛰어올라가 「독립선언서」를 낭독합니다. 이에 사람들이 모여들기 시작했고, 학생들은 힘을 내 가지고 있던 선언문과 태극기를 군중들에게 나눠주지요. 예상치 못한 일이었지만 사람들의 울분은 그자리에서 곧바로 폭발했습니다. 그동안 일제의 압제에 짓눌려 있던 설움과 고종의 죽음이 불러온 슬픔까지 더해져 수많은 사람이 목이 터져라 만세를 부르기 시작한 것이죠. 이에 일본 경찰이 총을 쏘고 칼로 찔러대며 무자비하게 진압을 시작합니다. 경찰들이 휘두른 칼에 오른팔이 잘리니 왼손으로 태극기를 들고, 왼팔마저 잘리니 급기야 입에 태극기를 물고 흔들었지요. 그날의 만세는 그렇게 처절하고 또 간절했습니다.

독립을 외치며 스러져간 국민들

3·1운동은 크게 3단계로 나눌 수 있습니다. 서울에서 학생들 주도로 시작되어 1단계, 상인과 노동자가 합류하면서 중소 도시로 번지고 2단계, 뒤이어 농민들까지 가세하여 무장투쟁으로 발전합니다 3단계. 3·1운동의 규모를 살펴보면, 당시 만세 시위에 참가한 인원은 당시 우리나라 추정 인구 1700만 명 중 총 200만여 명이며 일본 군경에 살해당한 사람은 7500여 명, 부상자는 1만 6000여 명, 체포된 사람은 4만 7000여 명이었고, 헐리고 불탄 민가가 720여 호, 교회가 50여 개소, 학교가 2개

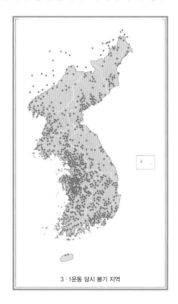

3·1운동 당시 봉기 지역

113

제암리 학살 현장

소였습니다. 집계된 수보다 집계되지 않은 수가 훨씬 더 많을 것입니다. 그렇게 많은 국민이 나라의 독립을 외치다가 희생당한 것입니다. 이후 3·1운동은 국내뿐 아니라 국외로도 번져나가 일본, 만주, 연해주, 미주 등 해외 곳곳에서 만세 시위가 일어났습니다.

이때 우리가 절대 잊어서는 안 되는 제암리 학살이라는 끔찍한 사건도 벌어집니다. 1919년 4월 15일, 일본 군경이 만세운동이 일어났던 경기도 화성군 제암리에서 마을 사람 30여 명을 교회로 불러모읍니다. 그러고는 출입문과 창문을 잠근 후 집중사격을 퍼부어 무고한 민간인들을 마구 학살하죠. 아기만은 살려달라는 부녀자의 외침에도 불구하고 그 아기마저 잔혹하게 찔러 죽였다고 하니, 그 잔혹함에 치가 떨립니다. 그것도 모자라 교회에 불을 질러 총격에서 살아남은 사람들까지 모두 죽이고, 모든 증거도 없애버려요. 여기에 더해 부근의 민가도 서른한 채나 방화하여 많은 사람을 죽입니다. 일제의 이 같은 만행에 분노한 선교사 스코필

드는 현장으로 달려가 그 참혹한 광경을 그대로 사진에 담아 보고서를 작성, 미국으로 보내 여론화하기도 했습니다. 일본이 조선의 민간인에게 저지른 만행 중 대표적인 것으로 꼽히는 사건입니다.

유관순, 옥중에서 만세를 부르다

3·1운동 하면 떠오르는 대표적 인물이 유관순이죠. 당시 이화학당에 다니고 있던 유관순은 열일곱 살에 불과했습니다. 교장의 만류를 뿌리치고 학생 시위 결사대를 조직해 만세 시위에 참가했고, 일제의 탄압으로 학교가 임시 휴교하게 되자 고향인 천안으로 내려가 대규모 만세운동을 추진합니다.

이화학당 시절 유관순 뒷줄 맨 오른쪽이 유관순 열사

1919년 4월 1일, 충남 천안군 병천면 아우내 장날. 유관순은 시민들에게 밤새 만든 태극기를 나눠주며 용기를 북돋고, 단상에 올라가 열띤 연설로 만세운동의 열기를 고조

유관순 열사의 서대문형무소 수형자 기록표

했습니다. 그렇게 시위가 무르익어갈 때쯤 일본 헌병들이 달려들어 무자비한 진압을 시작했고, 유관순은 눈앞에서 일본 헌병들의 총검에 부친과 모친을 모두 잃은 채 결국 천안헌병대로 압송되고 맙니다.

그녀는 갖은 고문을 당하면서도 처음부터 끝까지 자신이 시위 주동자라고 말하며 죄 없는 사람들을 석방하라고 호통칩니다. 또한 법정에서도 "너희가 우리 땅에 와서 우리 동포들을 수없이 죽이고 나의 아버지와 어머니를 죽였으니 죄를 지은 자는 바로 너희들이다. 우리가 너희에게 형벌을 줄 권리는 있어도 너희는 우리를 재판할 그 어떤 권리도 명분도 없다"라고 하며 일제에 굴하지 않는 당당함을 보였습니다. 이후 여러 감옥으로 이감되던 그녀는 온갖 탄압에도 불구하

고 옥중에서 만세를 불렀으며, 결국 서대문형무소 지하 감방에 감금되어 무자비한 고문을 당하다가 그로 인한 장독^{杖毒}으로 1920년 9월 28일, 열여덟 꽃다운 나이로 순국하고 말았습니다.

3·1운동, 일제의 통치 방식을 바꾸다

이런 엄청난 희생을 치른 3·1운동은 일본의 식민 지배와 우리나라 독립운동에 상당한 영향을 줍니다. 3·1운동에 충격을 받은 일본은 힘으로 조선을 통치하던 방식에서 벗어나 민족의 정신을 현혹하는 문화통치 3·1운동 이후 한민족의 문화와 관습을 존중하며 한국인의 이익을 위한다는 표면상 명목으로 시행한 일본의 식민 통치 방식로 방향을 바꿉니다. 또한 3·1운동은 대한민국 임시정부 수립이나 국외 무장투쟁 활성화에 직간접적인 영향을 끼쳤고, 나라 바깥으로는 당시 일본의 제국주의에 위협을 느끼던 중국과, 영국의 식민 지배하에 있던 인도에까지 그 정신이 전해집니다. 중국의 5·4운동이나 간디의 비폭력·불복종운동은 3·1운동의 영향을 받은 대표적인 사건입니다.

이런 거대한 흐름의 중심에는 어린 학생들의 용기와 희생이 있었지요. 돌이켜보면 이제까지 한국 근현대사에서 2·8독립선언, 3·1운동, 6·10만세운동, 광주학생항일운동,

4·19혁명, 5·18민주화운동, 6월민주항쟁 등 굵직굵직한 일들을 감당해온 건 모두 학생들이었습니다. 젊은이의 힘이 우리나라 역사를 이끌어온 것이죠. 그들이 중심이 되어 우리나라를 광복으로 이끌고 민주화를 이뤄낸 것입니다.

중요한 건 그들의 나이가 아니라 스스로를 조국의 일원이라 생각하고 민족을 위해 몸을 던져 뛰어들게 했던 열정이었습니다. 아직 나이가 어리다는 이유로, 혹은 너무 많다는 이유로, 그것은 어른들이, 아니면 젊은이들이 해야 하는 일이라고 회피하고 눈감아버린 적은 없었나요? 가치 있고 소중한 일이라면, 주저하지 말고 용기를 내봅시다. 모두가 망설일 때 단상 위로 뛰어올라가 「독립선언서」를 읽었던 그 이름 모를 학생처럼 말입니다.

역사가들이란
같은 시대 사람들이 잊고 싶어하는 것을
전문적으로 기억하는 사람이다.

에릭 홉스봄, 역사학자

6 · 25전쟁(1950~1953) 1950년 6월 25일 북한의 남침으로 발발하여 3년 1개월간 계속된 한국전쟁. 어느한쪽의 승자도 없이 휴전 상태로 마무리되었다. 한민족의 분열과 대립을 심화하고 분단 체제가 강화된 결정적인계기이다.

누가 방아쇠를 당겼는가?
민족의 비극
6·25전쟁

우리는 6·25전쟁을 민족상잔^{民族相殘}의 비극이라고 부르죠. 같은 민족끼리 싸우는 것을 민족상잔이라고 하는데요, 싸움이 생겼다면 먼저 싸움을 건 사람이 있겠죠. 북한과 남한 중 어느 쪽이 싸움을 걸었나요? 네, 맞습니다. 북한의 선제 공격으로 6·25전쟁이 시작되었습니다. 교과서에서는 북한의 '남침'이라고 설명하고 있지요.

그렇다면 왜 이렇게 북한이 먼저 공격했다고 강조해서 이야기하는 걸까요? 생각해보면 간단합니다. 전쟁이라는 것은 무력을 동원하여 평화적인 상태를 깨는, 현대 사회에서는 있어서는 안 될 폭력적인 행위이죠. 전쟁을 함으로써 발생하는 막대한 손해와 인명 피해에 대한 1차적인 책임은 먼저 전쟁을 시작한 국가에 있을 수밖에 없습니다. 6·25전쟁도 마찬가지입니다. 당시의 남북한이 서로 적대관계에 놓여 있었다고 해도, 선제공격을 통해 우리 민족의 역사에 씻을 수 없는 상처를 남긴 가장 큰 책임은 당시 전쟁을 수행한 북한 지도부에 있는 것이지요.

전쟁의 배경

그럼 6·25가 왜 일어났는지부터 알아보도록 합시다. 당시 남한 정부는 이승만 정권이었습니다. 이승만 정권은 집권 초기부터 여러 가지 문제를 드러내고 있었어요. 이승만이 대통령으로 취임할 당시 좌익세력과 일부 우익세력들은 그를 신뢰하지 않았습니다. 그럼에도 불구하고 미국이 배후에 있다는 장점으로 대통령이 되었으니 지지 세력이 취약할 수밖에 없었죠. 얼마나 취약했느냐면 제2대 국회의원 선거가 끝난 후 이승만을 지지하는 국회의원 수는 전체 의석 가운데 7분의 1밖에 되지 않았습니다. 보통 집권 여당이라고 하면 과반수를 넘기기 마련인데 말이죠.

게다가 경제도 무척 어려웠습니다. 국민은 가난했고, 수출할 만한 것도 전혀 없었죠. 돈이 생길 구석이 없었습니다. 이승만 정권 때 적자 세출 비율이 무려 60퍼센트였습니다. 세출이란 나라가 쓰는 돈을 말하는데, 세금으로 거둬들이는 돈보다 나가는 돈의 비중이 그만큼 컸다는 뜻입니다. 정부는 나라를 운영할 돈이 부족하자 대책 없이 돈을 찍어내 사용했어요. 통화량이 늘어나면서 물가는 두 배 이상 상승했고 인플레이션으로 사람들은 살기가 더 어려워졌습니다. 가치가 떨어진 돈만 있고 물자는 없는 상황이었죠.

남한이 이렇게 총체적인 어려움을 겪고 있을 때 북한은 어땠을까요? 북한을 완전히 장악한 김일성은 '민주기지론'을 내세우고 있었습니다. 한반도를 전부 공산화하기 위해 북한을 먼저 공산화 기지로 삼는다는 논리인데요. 이것은 무력 적화통일론으로 이어집니다. 김일성은 해방전쟁을 외쳤고 이에 북한은 소련에서 탱크와 자주포를 수입하는 등 차근차근 전쟁 준비를 하게 됩니다. 남한에서는 이승만이 북진통일론을 내세우며 북한의 도발에 강경대응을 하고 있었죠. 그러나 남한은 정부 수립 이후 주한 미군마저 철수하면서 병력, 장비, 훈련 면에서 매우 취약한 상황에 놓여 있었습니다.

이 상황에서 결정적으로 외교적 환경이 전쟁에 불을 붙

였습니다. 중국공산당이 국민당과 벌인 전쟁에서 승리하면서 중국이 공산화 되었습니다. 북한은 중국과 소련이라는 든든한 우군을 두게 된 것이죠. 일본은 전후 복구에 정신이 없었고 우리나라와 아예 외

애치슨 선언 1950년 1월 12일 미국 국무장관인 애치슨은 내셔널 프레스 클럽 연설에서 미국의 방위선은 알류산열도, 일본 오키나와, 필리핀 등을 묶는 선이며, 한국은 이 방위선에서 명백히 제외되어 있다고 밝혔다. 이어 그는 한국에서 군사적 공격이 발생해도 먼저 공격받은 국민이 저항하고, 그다음에 유엔헌장에 따라 전 세계가 조치해야 할 것이라고 말했다.

교가 단절된 상황이었으므로 신경쓸 필요가 없었습니다. 모든 정황이 유리한 가운데 오로지 걱정되는 건 미국 하나였죠. 이때 미국에서 '애치슨 선언'이 발표됩니다. 미국의 딘 애치슨 국무장관이 1950년 1월 12일에 미국의 극동 방위선을 정의하면서 한반도를 포함하지 않았던 거예요.

북한은 애치슨 선언을 듣고 전쟁을 일으켜도 미국이 개입을 하지 않거나 설령 개입하더라도 유엔과 함께 온다면 시간이 걸릴 거라고 생각합니다. 막강한 전력으로 단숨에

한반도를 장악해버리면 목적을 이룰 수 있다는 판단을 한 거죠. 결과적으로는 오판이었지만요. 그렇게 해서 전쟁이 시작됩니다.

비극의 시작

민족의 비극은 어떻게 전개되었을까요? 1950년 6월 25일 새벽, 소련제 탱크로 무장한 북한군이 서울을 향해 진격합니다. 이날은 일요일이었습니다. 정보력이 부족했던 남한은 북한의 공격을 전혀 예상하지 못하고 있었습니다. 전력을 다 해도 모자랄 판에 전쟁 하루 전인 6월 23일 24시를 기해 비상경계령이 해제되면서 많은 군인이 휴가중이었어요. 그리하여 단 나흘 만에 서울이 함락됩니다. 당시 우리 군은 북한과 달리 전차나 자주포가 없어 북한에 비해 군사적으로 열세인 상황이었습니다. 서울은 안전하다고 큰소리치던 이승만 대통령은 전쟁이 시작되자마자 대전을 거쳐 부산으로 피신합니다. 후에 부산이 임시 수도가 되죠.

북한은 거침없이 남하했지만 예상과 다르게 미국이 빠르게 움직였어요. 한반도 전체가 공산화될 경우 동아시아에서 영향력을 잃을 것이 우려된 미국은 전쟁이 시작되자마자 중지하라 경고했고, 북한이 이에 따르지 않자 유엔을 설득해

안전보장이사회의 참전 결의를 이끌어냅니다. 이 결의에 소련은 동참하지 않았고요. 그래서 전쟁 발발 한 달여 만에 16개국 연합군으로 구성된 유엔군이 미국의 맥아더를 총사령관으로 내세워 한반도로 출정합니다. 참고로 맥아더는 제2차 세계대전에서 일왕의 항복을 받아낸 인물이었습니다.

유엔군이 도착했어도 전황은 바로 달라지지 않았어요. 기세등등한 북한군은 한반도 대부분의 지역을 장악했고, 국군은 낙동강을 최후 방어선으로 삼아 유엔군과 함께 치열한 전투를 벌이고 있었습니다. 이때 그 유명한 인천상륙작전이 등장합니다. 정면 승부가 어렵다고 본 맥아더가 인천으로 병력을 돌려 북한의 후방을 치기로 한 거죠. 미국 장성 대부분이 서해의 조수 간만의 차를 우려해 반대합니다. 우리나라 서해는 밀물과 썰물의 차이가 커 밀물이 들어올 때와 썰물이 빠져나갈 때의 해안선이 많이 다릅니다. 만약 밀물이 아닌 썰물 때 상륙하면 무려 4킬로미터의 진흙 바닥을 전진해야 하죠.

그러나 맥아더는 1950년 9월 작전을 강행합니다. 결과는 대성공이었죠. 예상치 못한 공격을 받은 북한은 보급로가 끊기고 사기가 떨어지면서 전력이 약화됩니다. 인천상륙작전의 성공 이후 국군과 유엔군은 대대적인 반격을 펼칩니다. 10월 1일에 38선을 통과하고^{이를 기념하기 위해 훗날 10월 1일을 국군의 날로 지정함}, 11월에는 압록강과 두만강까지 올라갑니다.

현대전에 등장한 중국의 80만 대군

그야말로 통일이 눈앞에 있던 시점에 중공군^{중국군}이 개입합니다. 중공군이 개입한 이유는 북한이 민주화될 것을 우려했기 때문입니다. 중국공산당의 입장에서는 완충지 역할을 하던 한반도가 국군과 유엔군의 승리로 자유민주주의 체제로 돌아선다면, 언제든지 중국을 침공해 올 수 있다고 판단한 것입니다. 게다가 당시 북한과 중국공산당은 혈맹 관계였습니다. 항일 투쟁 때부터 조선 의용군을 이끌던 김두봉 같은 이들은 중국공산당도 존경하는 인사일 만큼 두 나라의 관계는 가까웠습니다. 그로 인해 중국은 파병을 결심하고, 무려 80만 대군이 참전합니다. 그 수가 얼마나 어마어마했는지 무기보다 군인이 더 많아 총을 세 사람당 한 정밖에 지급하지 못했다고 하죠. 총이 없는 군인은 꽹과리를 치고 피리를 불면서 진격했습니다. 이들은 미 공군의 조준 폭격을 피하기 위해 주로 야간에 움직였는데, 한겨울 개마고원의 혹독한 추위와 어둠 속에서 들려오는 꽹과리와 피리 소리는 유엔군에겐 그야말로 공포였습니다. 여러 악조건 속에 국군과 유엔군은 남으로 밀려 1950년 12월 4일에 평양에서 후퇴하고, 1951년 1월 4일에는 서울까지 다시 뺏깁니다.^{1·4후퇴} 함경도 흥남에 고립된 20만 명이 넘는 한국군과 피란민들이 미군의 지원을 받아 세계 전쟁 역사상 가장 큰 규모의 철수를 단행한 흥남철수도 이즈음 있었던 일입니다.

눈보라가 휘날리는 바람 찬 흥남 부두에

목을 놓아 불러보았다 찾아를 보았다.

금순아 어데로 가고 길을 잃고 헤매었느냐.

피눈물을 흘리면서 1·4 이후 나홀로 왔다.

_현인 노래, 〈굳세어라 금순아〉 가사 중에서

그렇게 남측은 태안반도까지 후퇴했다가 다시 반격을 가했고, 전쟁은 38선 근처에서 교착상태에 빠집니다. 어느 한쪽도 밀리지 않는 접전이 펼쳐져요. 남측은 무기와 장비 면에서 유리한 반면, 북측은 워낙 병력이 많았습니다. 특히 고지를 두고 치열한 싸움이 벌어지기 마련인데, 낮에는 유엔군이 공습을 가해 고지를 점령했다가 밤에는 중공군이 인해전술로 다시 차지하는 일이 반복되었죠. 1951년 3월부터 6월까지 이 상태가 유지되었습니다. 쉽게 승리하지 못하자 중국은 소련에 본격적인 참전을 요청합니다. 하지만 전쟁이 장기화되는 것을 염려한 소련은 휴전을 제의하였습니다.

전쟁에 지친 여러 나라는 곧장 휴전 제의를 받아들였지만 휴전은 바로 이루어지지 않았습니다. 휴전을 한다면 서로의 영토를 어디까지 할 것인지, 또한 포로 송환은 어찌할 것인지 등의 문제 때문이었지요. 게다가 전쟁에서 승리할 수 있다고 믿은 맥아더와 이승만은 휴전을 반대했습니다. 그러다가 1953년 7월 27일, 휴전 논의 2년이 지나서야 간신히 정전 협정이 체결됩니다. 그 사이 수많은 군인들이 계속되는 전쟁 중에 목숨을 잃었습니다.

이승만은 이 과정에서 나름의 기지를 발휘했습니다. 당시 남한에 3만 7000명 정도의 북쪽 포로가 있었어요. 원래는 정전 협상이 끝나면 북한으로 돌려보내야 할 사람들이었죠. 그런데 이승만이 자체 조사를 통해 미국의 동의도 없이 남한에 귀순할 의사가 있는 2만 7000여 명을 풀어줘버립니다 반공포로석방. 정전 협상을 하던 미국은 협상 테이블이 깨질 위기에 처하자 크게 난처해졌죠. 나머지 포로도 풀어줘버리겠다며 정전을 반대하는 이승만에게 미국은 어떻게 하면 자신들에게 협조할 것인지 묻습니다.

그러자 이승만은 전쟁이 끝난 후 남한에 다양한 원조를 할 것, 한반도에서 사용한 전쟁 장비와 물자를 그대로 두고 갈 것을 요구하는 한편, 미군의 일부가 남한에 남아줄 것을 요청하죠. 이것이 받아들여져 지금까지도 주한 미군이 한반도에 있는 것이고요. 정전 후인 1953년 10월 미군의 합법적인 주둔과 상호 보호를 약속한 한미상호방위조약을 체결해 미국의 남한 보호를 공식화했습니다. 이런 조치가 없었다면 북한의 공격이 다시 일어났을 수도 있었겠죠.

영원히 치유되지 못할 상처

지금까지 6·25전쟁의 시작과 끝을 알아보았습니다. 전쟁은 끝났지만 6·25전쟁은 엄청난 사상자와 피해를 남기며 우리 민족에 씻을 수 없는 상처를 주었습니다. 민간인 100만여 명, 군인 100만여 명이라는 엄청난 인명 피해를 가져왔으며, 학교 및 주요 건물 2만 2437개소, 사찰 및 교회 5236개소, 대·소도시 50개소, 촌락 5400개소가 파괴되는 엄청난 재산 피해를 기록했습니다. 말 그대로 나라 전체가 폐허가 되었다고 봐야겠죠.

확고한 적이 된 남한과 북한의 지도층은 서로의 존재를 독재 유지의 수단으로 삼습니다. 반대파를 공산주의자로, 또는 남조선의 첩자로 몰아 제거한 후 정권을 잡는 일들이 비일비재하게 벌어졌어요. 해결되지 않은 분단은 지금까지도 무수한 안보 위기와 이념 논쟁을 가져와 나라가 하나로 뭉치는 것을 방해하고 있습니다.

한반도에서 살아가는 사람은 6·25전쟁을 일으켰다는 이유 하나만으로도 충분히 김일성을 미워하고 원망할 수 있습니다. 6·25전쟁은 명백히 실패한 전쟁입니다. 한반도를 단시간에 장악할 수 있다는 오판으로 우리 민족에 너무나 많은 상처를 남겼으니까요. 정작 김일성 자신은 책임을 지기는커

전쟁중에 부모와 가족을 잃고 남겨진 전쟁고아들

녕 전쟁 실패의 원인을 다른 이들에게 돌려 오히려 자신의 권력을 강화하는 수단으로 삼은 뒤 잘 먹고 잘 지내다 죽었습니다. 패전의 책임자로 조선인민군 제2군단장이었던 김무정을 숙청했고, 독재 체제를 구축하기 위해 남로당파 박헌영과 소련파 허가이 등을 무자비하게 제거했다 그리고 그 권력을 이어받은 손자 김정은이 지금 북한을 통치하고 있지요. 김정은이 북한에서 우상화된 자신의 할아버지를 외모부터 행동까지 따라 하고 있다는 건 많이 알려진 사실이죠. 김일성을 우상화하고 있다는 건 상당히 위험한 대목입니다. 할아버지의 선군先軍 정치군사 우선 정치를 이어가겠다는 뜻이니까요. 이런 상황이라면 한반도에서는 6·25전쟁과 같은 대규모 전쟁이 아니더라도 어떤 방식으로든 북한의 위협이 재발할 수 있는 것입니다.

그렇다면 우리는 과거의 교훈을 되짚어볼 필요가 있습니다. 6·25전쟁이 어떤 이유로 일어났던가요? 무능한 지도자와 제 역할을 못한 관료들, 미국의 지원 없이는 나라를 지키지 못하는 허약한 국력 탓에 벌어진 일입니다. 면역력이 약해지면 몸에 병균이 들어오듯, 우리 스스로 강해지지 못하고 할 일을 제대로 못하면 언제든 불행한 일을 당할 수 있는 것이죠. 역사의 비극을 되풀이하지 않는 방법은 그 비극이 일어난 과정을 답습하지 않는 것입니다. 임진왜란이 그랬고, 병자호란이 그랬습니다. 다시는 이런 비극이 일어나지 않기를, 뼈아픈 민족의 상처가 반복되지 않기를 바랄 뿐입니다.

4·19혁명 1960년 4월 19일, 이승만 독재 정권의 만행에 항거하여 학생, 시민의 주도로 일어난 민주주의 혁명. 시민의 힘으로 이승만의 장기 집권은 종식되었고, 첫 민주주의 혁명의 경험은 이후 민주주의 발전의 토대가 되었다.

그리 멀지 않은 이야기, 민주화 운동 1

민족상잔의 비극이었던 6·25전쟁을 지나, 우리는 본격적인 현대사의 흐름 앞에 놓이게 되었습니다. 여기서 질문 하나만 할게요. 언제부터를 '현대사'라고 부르는 것일까요? 세계사에서는 제1차 세계대전이 끝난 이후, 우리나라에서는 광복을 맞이한 이후부터를 현대사라고 구분하고 있습니다. 즉, 우리가 최근에 지나쳐온 몇 년의 세월들도 모두 현대사의 범주에 포함되며, 앞으로 살아갈 미래도 현대사로 구분될 것입니다. 그렇기 때문에 현대사 속의 여러 사건들은 과거의 이야기이기도 하지만 현재 우리와 멀지 않은 이야기이기도 합니다.

현재를 사는 우리가 전근대 사회를 살던 사람들에 비해 가장 크게 달라진 점은 무엇일까요? 아마 많은 분들이 민주주의를 이야기하지 않을까 합니다. 왕이 지배하던 시기를 지나 우리 손으로 직접 우리의 대표를 뽑는 민주주의가 현대 사회로 발전하며 이룩한 가장 큰 쾌거인 셈이죠.

그러나 민주주의는 현대에 접어들면서 자연스럽게 얻어진 것이 아닙니다. 우리나라의 경우 특히 그렇습니다. 당연하게 얻어진 것이 아니라 독재와 인권 탄압에 맞서 싸운 수십 년에 달하는 투쟁의 역사를 통해 현재의 자유로운 민주주의 사회가 자리잡을 수 있었던 거죠. 자, 그럼 그리 오래되지 않은 시기에 있었던 민주화를 향한 투쟁의 역사를 한번 살펴볼까요?

현대사와 민주주의

민주화 운동에 대해서 본격적으로 살피기 전에, 현대사와 민주주의가 어떠한 연관성을 가지고 발전해왔는지 먼저 짚고 갈 필요가 있겠습니다. 현대가 시작되면서 민주주의가 시작된 것처럼 보이지만, 사실 민주주의는 예전부터 존재하고 있었죠. 고대 그리스의 아테네처럼 시민에게 주권이 있어 직접 정치 활동에 참여할 수 있는 정치 형태를 민주주의라고 합니다. 그러나 고대의 민주주의는 여성, 노예, 외국인에게는 참정권(정치에 참여할 수 있는 권리)을 부여하지 않는 제한된 민주주의였습니다.

근대를 거쳐 현대로 넘어오면서 모든 인간에게 똑같이 보장되어야 하는 인권의 중요성과 개개인의 평등, 자유가 강조되기 시작합니다. 특히 프랑스 대혁명을 거치며 인류가 공통적으로 추구해야 할 가치인 자유, 평등, 박애의 정신이 널리 퍼지게 되었지요. 이후로 신분제와 노예제가 폐지되고, 정치에 참여할 수 있는 권리가 여성에게까지 확대되며 오늘날의 민주주의와 민주주의 국가가 등장하게 되었습니다.

물론 민주주의를 선택하지 않는 국가들도 있습니다. 대표적으로 북한을 꼽을 수 있어요. 개개인의 자유보다 사회 전체의 이익을 중요시 여기는 체제인데, 이를 사회주의라고도 합니다. 대한민국은 정부 수립 당시부터 직접 우리 손으로 대표를 뽑는 민주주의를 국가의 체제로 선택했고, 그랬기 때문에 국가는 국민 개개인의 권리와 이익을 존중해주어야 합니다. 이것은 절대 억압되어서는 안 되는 가장 중요한 가치이기도 합니다. 그런데 민주주의 체제로 출발한 대한민국은 정부 수립 직후부터 여러 위기에 맞닥뜨리게 됩니다.

들리지 않는 민중의 목소리

일제강점기를 벗어나 막 광복을 찾은 한반도의 민중은 사실 민주주의가 무엇인지를 배울 시간이 부족했습니다. 그리고 일제의 청산 문제, 새로운 정부를 수립하는 문제, 국가의 기틀을 닦는 문제 등 크고 중요한 문제들이 산적해 있기도 했죠. 민중의 손으로 국회의원을 뽑기는 했으나, 민주주의에 대한 경험이 없으니 어떻게 해야 제대로 된 대표를 뽑을 수 있는지도 잘 몰랐을 겁니다. 국가의 체제를 잡아나가야 하는 시점에서는 6·25전쟁이라는 비극을 겪기도 했고, 전쟁 후에는 북한이라는 크나큰 외부의 적이 있는 상황이었기 때문이죠.

광복 후 대한민국 정부가 수립되고 얼마 안 되는 시간 동안, 우리는 민주주의라는 것을 제대로 경험할 기회를 갖지 못한 채로 우익과 좌익의 대립, 남북한의 분단으로 인해 여러 고통스러운 사건들을 겪게 됩니다. 이것은 제주 4·3사건과 여순사건, 보도연맹保導聯盟, 전쟁 시기 발생한 최초의 집단 민간인 학살 사건 등의 양민 학살 사건으로 연결되어 많은 희생자를 낳았습니다. 개개인의 자유와 권리를 보장하는 민주주의 국가에서 발생해서는 안 될 비극이었습니다. 국가가 보호해야 할 민중에게 국가 권력이 총구를 들이댄 사건이었죠. 이런 사건이 가능하게 된 바탕에는 이승만 대통령의 독재가 있었습니다.

발췌개헌, 사사오입개헌이라고 들어보셨나요? 이승만 대통령이 자신의 권력 유지를 위해 헌법을 바꾼 사건입니다. 그런데 그 개헌은 대다수의 동의를 얻어서 적법한 과정으로 이루어진 것이 아니라 협박과 강제에 의해 부당하게 이루어진 결과물이었습니다. 자신의 뜻에 동의하지 않는 국회의원들의 통근버스를 납치하기도 하고, 모두가 보는 앞에서 일어서서 투표를 하는 기립투표 방식을 이용하기도 했습니다. 또한 국회의원 정족수의 3분의 2 이상 찬성해야 개정할 수 있는 헌법을 자신의 입맛에 맞게 반올림해서 바꾸기도 했어요. 이러한 방식으로 자신의 권력과 독재 정권을 유지해간 것입니다. 과연 거기에 국민의 뜻이 얼마나 반영되었겠습니까?

그렇다면 이승만의 독재에 대해 대중은 어떤 목소리를 냈을까요? 자유당의 이승만이 세번째 대통령 선거에 출마했던 1956년이었습니다. '못살겠다. 갈아보자!'를 구호로 내세운 민주당의 신익희 후보와 진보당의 조봉암 후보가 등장해 이승만과 접전을 벌이게 됩니다. 당시 6·25전쟁 이후 이어졌던 미국의 원조가 줄고, 폭압적인 정치가 이어지는 가운데 등장한 새로운 목소리였습니다.

이승만은 이때에도 신익희와 조봉암을 노골적으로 방해하며 개표 과정에서 표를 바꿔치기 하는 등의 부정한 방법을 동원해 세번째로 대통령에 당선되었습니다. 특히 조봉암은 이승만이 당선된 이후 국가보안법으로 사형당하기까지 했고요.진보당 사건 2011년이 되어서야 무죄가 선고되어 그 신원이 회복될 수 있었습니다. 독재 정권을 유지하기 위해 조봉암뿐 아니라 많은 사람들을 북한과 내통했다는 명분으로 제거하기도 했습니다. 대한민국 현대사 속 대부분의 양민 학살이 이승만 정권기에 발생했다는 사실로 당시의 상황을 짐작해볼 수 있습니다.

또다시 부정선거, 1960년 3월 15일

세번째까지 대통령 임기를 마친 이승만은 대통령직에 네번째로 도전하게 됩니다. 이번엔 선거를 코앞에 두고 이승만의 경쟁자였던 조병옥 후보가 급사하면서 단독 출마에 확실한 당선이 보장되어 있었습니다. 그렇다면 왜 부정선거를 저지르게 된 것일까요?

이승만의 당시 나이는 85세였습니다. 현재에도 적지 않은 나이인데 당시로서는 평균 수명을 훨씬 넘긴 고령이었습니다. 그 때문에 혹시 이승만에게 무슨 일이 생길 경우를 대비해, 이승만의 권한을 넘겨받을 수 있는 부통령이 누가 되느냐가 관건이었죠. 자유당 입장에서는 반드시 자유당의 부통령 후보인 이기붕이 당선되어야만 하는 선거였습니다.

자유당은 민주당의 부통령 후보로 출마한 장면 후보의 선거운동을 드러내놓고 방해하고, 투표일에는 여러 명의 투표자가 한 번에 들어가서 서로의 표를 확인할 수 있게 감시하는 3인조, 9인조 투표를 실시하기도 했습니다. 그리고 사전에 미리 투표함을 채워놓기도 했어요. 그러다 보니 실제 투표한 인원보다 투표함에 담긴 표가 훨씬 더 많아서 투표함을 불태우는 일도 발생했습니다. 국민의 기본권이 무참히 짓밟히는 어처구니없는 광경이었죠.

노골적인 부정선거를 더 이상 참을 수 없었던 국민들은 거리로 나서서 자유당과 이승만 대통령의 부정선거를 규탄하기 시작했습니다. 특히 마산 지역에서 대규모 시위가 발생했어요. 그런데 이 시위를 진압하고 강제 해산시키기 위해 발포된 경찰의 총알에 희생자가 발생했고, 무려 7명이 사망하는 비극이 일어났습니다. 주모자로 지목된 사람들은 공산당으로 몰려 참혹한 고문을 당하기도 했어요.

1960년 4월 11일. 경찰의 무자비한 진압과 이승만 정권의 폭압적인 행태에 극도로 실망한 국민들의 분노를 들끓게 하는 사건이 발생합니다. 3·15 부정선거를 규탄하는 시위에 참가했다 실종되었던 마산상고 김주열 군의 시신이 마산 앞바다에 떠오른 것입니다. 그것도 최루탄이 눈에 박힌 채로 말입니다.

타오르는 혁명의 불꽃

아직 어린 티를 채 벗지 못한 김주열 군의 시체가 마산 앞바다에 떠올랐을 때 그것을 목격한 사람들은 무슨 생각을 했을까요? 이후 김주열 군이 경찰의 폭력적인 진압과 발포에 의해 사망했음이 밝혀지면서 이승만과 자유당에 대한 분노는 극에 달할 수밖에 없었습니다. 경찰이 시위대를 향해 총격을 퍼부었지만 국민들은 이에 굴하지 않고 한목소리로 이승만 대통령의 퇴진을 강력히 요구했습니다.

그러나 이승만은 별다른 해명 없이 김주열 군의 사망이 공산주의자들에 의한 것이라고 하면서 젊은 청년들이 선동으로 인해 폭동에 가담하게 된 것이라는 취지의 담화를 발표했습니다. 그러고는 폭력배를 동원하여 시위에 참가한 학생들을 습격하는 등의 일을 지속했습니다. 그러니 시민과 학생들의 지지를 완전히 잃을 수밖에 없었겠죠. 국민을 향해 써서는 안 되는 수단인 폭력을 이용하여 권력을 유지하고 있음이 분명해졌으니까요.

전국적으로 시위가 확대된 4월 19일, 서울의 거리는 학생들과 교수들, 시민들의 함성으로 가득 찼습니다. 각 대학의 학생들이 준비한 선언

1960년 4월 서울의 거리로 쏟아져 나온 학생들과 교수들

문은 거리 곳곳에 뿌려졌습니다. 거리를 메운 20여만 명의 시민들은 부정선거에 항의하고 이승만의 퇴진을 요구하며 경찰의 폭압과 맞서 민주주의와 자유에 대한 외침을 굽히지 않았습니다.

서울대 4·19 선언문(1960년 4월 19일)

(…) 민주주의 이념에서 가장 기본적인 공리인 선거권마저 권력의 마수 앞에 농단되었다. 언론·출판·집회·결사 및 사상의 자유의 불빛은 무식한 전제 권력의 악랄한 발악으로 하여 깜박이던 빛조차 사라졌다. 긴 칠흑 같은 밤의 계속이다.

나이 어린 학생 김주열의 참혹한 시신을 보라! 그것은 가식 없는 전제주의 전횡의 발가벗은 나상裸像밖에 아무것도 아니다.

(…) 보라! 우리는 기쁨에 넘쳐 자유의 햇불을 올린다.

보라! 우리는 캄캄한 밤의 침묵에 자유의 종을 난타하는 타수打手의 일익一翼임을 자랑한다. 일제의 철퇴하에 미칠 듯 자유를 환호한 나의 아버지 형제들과 같이 양심은 부끄럽지 않다. 외롭지도 않다. 영원한 민주주의의 사수파死守派는 영광스럽기만 하다.

(…) 나가자! 자유의 비결은 용기일 뿐이다. 우리의 대열은 이성과 양심과 평화, 그리고 자유에의 열렬한 사랑의 대열이다. 모든 법은 우리를 보장한다.

_『(시사자료) 광복30년사』, 시사연구소 편, 세문사, 1977

경찰의 총격이 이어지고 계엄령이 선포되었지만 시민들은 시위를 중단하지 않았습니다. 4월 19일 하루 동안 전국에서 100명 이상이 사망하고 수천 명이 부상을 당하는 와중에도 이승만 타도의 외침은 끊이지 않았어요. 결국 이승만은 국민의 뜻에 굴복하여 하야 성명을 발표하고 대통령 자리에서 내려오게 됩니다.

이승만 대통령 하야 성명

나는 해방 후 본국에 들어와서 우리 여러 애국애족하는 동포들과 더불어 잘 지내왔으니 이제는 세상을 떠나도 한이 없으나, 나는 무엇이든지 국민이 원하는 것만 알면 민의를 따라서 하고자 하는 것이며 또 그렇게 하기를 원하는 것이다. (…)

첫째는 국민이 원하면 대통령직을 사임할 것이며,

둘째는 지난번 정·부통령 선거에 많은 부정이 있었다고 하니 선거를 다시

하도록 지시하였고,

셋째는 선거로 인연한 모든 불미스러운 것을 없애게 하기 위해서 이미 이기붕 의장이 공직에서 완전히 물러가겠다고 결정한 것이다.

넷째는 내가 이미 합의를 준 것이지만 만일 국민이 원하면 내각책임제 개헌을 할 것이다. (…)

_국가기록원 대통령기록관(http://www.pa.go.kr/)

4·19혁명은 그동안 경찰 권력을 이용해 민중을 폭압해온 이승만 독재 정권의 종료를 의미함과 동시에, 대한민국 정부 수립 이후 최초의 민주주의 혁명이기도 했습니다. 독재

정권을 국민의 손으로 끌어내려 민주주의 흐름을 바로잡게 되었지만, 그 과정에 많은 사람들이 희생되는 아픔을 겪었습니다. 그 때문에 4·19혁명은 국민이 겪은 승리의 경험이면서 한편으로는 다시 겪어서는 안 될 아픈 경험이기도 한 셈이죠.

대한민국 현대사에 많은 상처를 남긴 독재가 끝난 이후, 과연 우리는 민주주의 사회를 향해 얼마만큼 나아갈 수 있었을까요? 국민에 대한 폭력과 탄압은 과연 끝난 것일까요? 슬프게도 그렇지 않았습니다. 독재 권력이 민주주의 사회를 짓밟고 폭력으로 물들게 할 수 있다는 교훈이 채 잊히기도 전에 또다시 독재가 시작되고 맙니다.

또다시 시작된 독재

이승만 대통령이 하야한 후, 곧이어 치러진 대통령 선거에서 윤보선이 4대 대통령으로 당선되어 새로운 정부가 구성되었습니다. 대통령에게 모든 권한이 쏠리게 되면 독재와 같은 위험한 일이 발생할 수 있으므로, 이번에는 국무총리와 대통령이 권한을 나누는 의원내각제에 의해 정부가 구성되었죠.

의원내각제는 국회의 다수당 소속인 국무총리가 국가 행정 전반을 이끄는 형태를 말합니다. 대통령의 권한은 국가를 대표하는 외교 등으로 축소되고 실제 국가 운영은 국무총리에 의해 이루어지는 것이죠. 그렇게 해서 윤보선 대통령과 함께 국가를 운영할 국무총리가 된 사람은 바로 장면이었습니다. 그래서 이 시기의 정부를 우리는 '장면 내각'이라고 부르고 있습니다.

장면 내각 앞에는 처리할 일들이 산적해 있었습니다. 우선 6·25전쟁 이후 미국의 원조가 줄면서 원조에 의존했던 경제 구조를 바꿀 필요가 있었어요. 또한 4·19혁명 이후의 정치 개혁과 사회 안정도 이루어져야 했죠. 그동안 독재 정권에 눌려 있었던 각계각층의 목소리를 반영한 개혁 정책들이 실행되어야 했던 거예요. 그러나 장면 내각이 정면에 나서 활약할 시간은 턱없이 부족했습니다. 내각이 구성된 바로 다음 해, 5·16군사정변이 발생하고 말았으니까요.

1961년 5월 16일 새벽, 제2군 부사령관인 소장 박정희는 3천 명이 넘는 병사를 이끌고 한강을 건너 서울의 주요 기관들을 점령했습니다. 사회 혼란을 명분으로 내걸고 일으킨 사건이었죠. 이들이 내건 공약은 총 6개였습니다.

혁명 공약 6개조

① 반공을 국시의 제일로 삼고 반공태세를 재정비 강화할 것.

② 미국을 위시한 자유우방과의 유대를 공고히 할 것.

③ 모든 부패와 구악을 일소하고 청렴한 기풍을 진작시킬 것.

④ 민생고를 시급히 해결하고 국가자주경제의 재건에 총력을 경주할 것.

⑤ 국토통일을 위하여 공산주의와 대결할 수 있는 실력을 배양할 것.

⑥ 양심적인 정치인에게 정권을 이양하고 군은 본연의 임무로 복귀할 것.

공약에서부터 알 수 있듯이 현실의 가장 큰 문제인 정치 구조, 경제 문제, 북한과의 관계를 해결하겠다고 호소한 것입니다. 정변을 일으킨 군인들은 전국에 계엄령을 내리고 각종 사회단체와 국회마저 해산시켜버립니다. 그러고는 박정희를 중심으로 입법, 행정, 사법권까지 행사하는 초법적 기구인 '국가재건최고회의'를 창설했습니다. 막강한 권력을 동원해 군사정변 주체 세력의 집권을 위해 정치 활동을 억압하고 인권을 유린하는 등의 활동을 이어갔습니다.

군사정변을 이끈 박정희는 이후 대통령에 출마하여 5대 대통령으로 당선되었는데, 그 과정이 쉽지만은 않았습니다. 경쟁 후보였던 윤보선과의 득표율 차이가 1.4%밖에 되지 않았던 거예요. 아주 간신히 당선된 셈이었죠. 아무래도 군사

정권에 대한 국민들의 반발이 표심으로 나타났던 게 아닌가 싶어요. 어찌되었든 이렇게 대통령직을 시작하게 된 박정희는 이후 네 번 더 대통령에 당선되었고, 장장 18년 동안 박정희 독재 정권이 이어졌습니다.

독재 정권기인 1960년대와 1970년대는 참 바쁜 시기였습니다. 전쟁 이후의 사회를 복구하고 경제적인 안정부터 찾아야 했습니다. 최우선 과제인 나라 발전을 위해서는 이외의 다른 것들은 억압되어도 괜찮다는 사회적 분위기가 형성되었죠. 이러한 분위기에 힘입어 박정희는 대통령 연임에 성공할 수 있었습니다.

그러나 권력 유지와 공화당 5.16 군사정변 주도 세력이 창당한 정당의 집권을 위해 고무신이나 막걸리, 돈 봉투를 나눠주는 등의 부정선거가 발생합니다. 당시 헌법에서는 대통령의 재선만을 허용하고 있었는데, 박정희 대통령이 다음에도 대통령직을 이어가기 위해서는 헌법을 바꿔야 했고, 헌법을 바꾸기 위해서는 공화당 출신의 국회의원이 많은 의석을 차지해야 했던 것입니다.

노골적인 헌법 개정 시도에 학생들과 시민들이 반발했으

나, 이승만 정권기와 마찬가지로 박정희 정권은 폭력적인 진압으로 시위를 일축했습니다. 결국 공화당이 중심이 되어 대통령의 3선까지 허용하는 헌법 개정이 이루어졌고, 박정희는 7대 대통령에 당선되었죠. 이번에도 부정선거에 항의하고 3선에 반대하는 많은 이들의 목소리가 아주 당연한 듯 묵살됩니다.

1972년 10월, 서울을 비롯한 주요 도시에 군대가 배치되고 전국에 계엄령이 선포됩니다. 국회가 해산되고 모든 정치 활동이 금지당합니다. 부정선

유신헌법 공포식

거와 독재에 대한 시위를 주도해왔던 대학들은 아예 문을 닫게 합니다. 그리고 기존의 헌법을 폐지한 뒤, 유신헌법이라는 것을 제정합니다. 유신헌법은 대통령에게 초헌법적인 권한을 부여해 대통령이 국민의 자유와 권리를 탄압할 수 있도록 한 법입니다.

이렇게 대통령이 국민의 기본권을 제한하는 조치를 긴급조치라고 합니다. 박정희 정부 시기에는 이러한 긴급조치가

여러 차례 내려졌습니다. 특히 유신헌법과 독재에 반대하는 시위를 탄압하고 관계자들을 처벌하기 위해 취한 조치들이었습니다. 유신헌법 아래 국민들은 자유와 인권 등 민주주의 국가의 국민으로서 당연히 누려야 하는 기본권을 침해당했고, 국가의 이름으로 고문이 행해지고 폭력이 횡행하는 일이 발생하게 된 것입니다. 다시금 민주화에 대한 열망은 빗발칠 수밖에 없었겠죠.

부마항쟁의 함성

1979년. 박정희 정부의 유신 체제는 한계에 달하게 되었습니다. 반정부 인사들을 체포하고 고문하는 일이 잇달아 발생했고, 경제 불황이 찾아와 가뜩이나 빈곤한 삶을 살던 도시 노동자들은 더욱 힘들어졌습니다. 정치, 사회적으로는 폭력을 행사하면서, 경제적인 어려움에서는 뚜렷한 해결책을 제시하지 못하는 정부의 장기 집권에 불만은 커져갈 수밖에 없었습니다.

10월 16일, 부산에서 '유신정권 물러가라'는 구호를 외치는 학생들의 시위가 시작되었습니다. 학생 수백 명이 연행되고 100명이 넘는 사상자가 발생했습니다. 학생들의 참여로 시작된 시위에 시민들도 합세하기 시작했습니다. 이후 마산으로까지 확대되어 치열한 시위가 이어졌습니다. 부산과 마산을 중심으로 발생한 시위이기에 이를 '부마항쟁'이라고 부릅니다.

박정희 정부는 이 상황을 대수롭지 않게 생각하다가, 점차 시위가 확대되자 강경하게 대응했습니다. 비상계엄을 선포하고 공수부대를 동원해 시위에 참가한 시민과 학생들을 가차 없이 진압했죠. 부산과 마산에서 발생한 시위는 단기간에 종료되었습니다. 그러나 곧이어 중앙정보부장 김재규가 박정희 대통령을 저격하는 10·26사태가 발생하면서 독재 정권은 막을 내리게 됩니다.

어떻게 보면 18년간 이어진 독재 정권이 혁명 없이 저절로 무너졌다는 사실이 다소 허무하게 느껴질 수도 있겠지요. 그러나 독재 정권이 이어지는 동안 많은 사람들이 민주화를 요구하며 국민이 원하는 정권을 창출하기 위해 치열하게 투쟁해왔습니다. 그 과정에서 겪은 온갖 폭력과 고문, 감시, 억압, 그리고 무엇보다 국민의 분열은 민주주의 역사에 많은 상처를 남기게 되었습니다.

그렇다면 독재 정권이 무너진 이후 드디어 국민들이 주권을 쥔 민주주의 사회가 올 수 있었을까요? 이 이야기는 다음 편에서 조금 더 자세히 다루어보겠습니다.

5·18 민주화 운동 12·12사태 이후, 군사 독재와 비상계엄 확대 조치에 항의하는 학생들의 시위를 진압하기 위해 광주에 투입된 계엄군의 유혈 진압에 저항하여 광주 시민들이 벌인 민주화 운동. 국가 권력에 의해 무고한 시민들이 희생되었으며 다시는 일어나서는 안 될 현대사의 비극 중 하나이다.

그리 멀지 않은 이야기, 민주화 운동 2

　대한민국의 현대사는 오랜 기간의 독재로 얼룩져 있습니다. 혁명의 씨앗이 민주주의로 발전하지 못하고 좌절되는 일이 반복되고 있죠. 이번에도 다르지 않았습니다. 박정희 대통령이 사망하고 폭압적인 독재가 끝날 것처럼 보였지만, 또 한 번의 쿠데타로 군사정권이 들어서는 일이 발생하고 말았습니다. 바로 전두환의 신군부였습니다.

　그러나 전두환의 등장은 당시 국민들의 뜻과는 전혀 맞지 않는 것이었습니다. 박정희 대통령 사망 이후 박정희 정부의 탄압을 받았던 재야인사들이 복권되고, 유신 체제가 막을 내리고 민주화가 이루어질 것이라는 기대감이 팽배해 있었습니다. 이러한 상황에서 전두환이 등장해 쿠데타로 권력을 쥐고 국민의 기본권이 제한되는 계엄령 국가 비상시 공공질서 유지를 목적으로 군사권을 발동하여 치안을 유지할 수 있는 국가 긴급권을 이어간다는 것은 다시 독재 체제로의 복귀를 의미하는 것이었죠.

5월, 광주의 어느 날

쿠데타를 통해 군 내부를 장악한 전두환 소장은 그 세력 범위를 정권으로까지 확대해 나갔습니다. 유신 헌법을 단행한 박정희 대통령이 사망한 후에도 국민의 기본권을 제한하는 비상 계엄령이 해제되지 않고 계속 진행되고 있었던 것이죠.

이에 전두환 퇴진에 대한 목소리가 커져, 학생들이 중심이 되어 서울을 시작으로 수만 명에 달하는 시민들이 계엄 철폐와 전두환 퇴진, 유신 잔당 청산 등을 외치며 시위를 벌였습니다. 그동안 억눌려 있었던 언론의 자유와 유신 세력에 대한 반대 여론이 터져 나온 것이지요. 이런 민중의 목소리에 대해 전두환의 신군부 세력은 어떠한 반응을 보였을까요?

전두환 소장은 계엄령을 오히려 전국으로 확대해버립니

다. 국회를 무력으로 봉쇄하고 계엄군을 동원해 김대중과 같은 정치인들을 연행하고, 김영삼을 가택에 연금시키는 등 무력을 동원해서 정권을 장악하려고 했죠. 주요 도시에 계엄군을 보내 시위를 진압하도록 했습니다. 이는 헌법 질서를 무시하는 불법적 조치로서 많은 시민들의 반발을 살 수밖에 없었습니다.

특히 광주의 전남대 학생들은 당시 재야 정치인으로서 명망이 높았던 김대중의 연행과 전국으로의 계엄령 확대에 격렬하게 항의했습니다. 전두환의 신군부는 무력을 통해 시위를 진압하기 위해 광주에 공수부대를 투입합니다. 공수부대는 공중에서 낙하해 전투 지대에 투입되어 전투 작전을 수행하기 위해 훈련된 부대를 말해요. 공수부대의 주요 임무는 적 지역에서 적 부대를 격파하고, 중요 시설을 파괴하는 것 등으로, 특별한 임무를 수행하기 위해 파견하는 부대이지요. 그런 공수부대를 광주의 대학생들을 진압하라며 보낸 사람이 바로 전두환 소장이었습니다.

5월 18일 10시 무렵, 전남대를 장악한 계엄군은 시위를 위해 속속들이 모이고 있었던 전남대 학생을 막아 세웠습니다. 항의하는 학생들을 괴롭히고 이를 말리던 시민들에게도

계엄군과 대치중인 광주 시민들

구타를 가했죠. 사람들이 조금이라도 모이면 해산하라며 폭
력을 썼습니다. 많은 시민들이 계엄군의 대응에 분노하기 시
작했고, 계엄군에 조직적으로 대응하며 비상계엄 해제와 전
두환 퇴진 구호를 외치는 민주화 시위를 진행했습니다.

시민들의 평화적인 민주 시위에도 계엄군은 장갑차, 헬
기까지 동원하며 진압을 이어나갔습니다. 계속되는 계엄군
의 발포에 중상을 입는 시민이 발생했고, 영문도 모른 채 구
타당해 사망한 시민들도 있었습니다. 광주 시민들은 도심으
로 모여들어 계엄군의 횡포와 신군부의 행태를 규탄하고,
광주의 상황을 보도하지 않는 언론사에 찾아가 항의하기도

했습니다. 그러나 아무도 광주의 상황을 정확히 알리지 않았습니다.

고립된 광주

5월 20일, 계엄군이 광주에 파병된 지 고작 이틀이 지난 시점. 계엄군은 광주를 다른 지역으로부터 고립시켜버립니다. 전화선을 끊어 광주의 소식이 외부로 새어나가지 못하게 한 것이죠. 광주의 시민들은 계엄군의 발포와 시위 진압으로 사망자가 속출하자 분노를 금치 못하며 계엄군에 항의를 했습니다. 시민들은 계엄군이 그어놓은 저지선을 넘어 그들의 횡포에 저항했습니다. 그러나 계엄군은 항의하는 시민을 향해 발포했고, 시민들은 총탄에 맞아 하나둘 거리에 쓰러졌습니다. 계엄군의 총구는 항의하는 시민뿐 아니라 부상자를 옮기려는 시민들에게까지 향했습니다.

계엄군의 총격과 정부의 외면에 직면한 광주 시민들은 스스로 총을 확보해 무장하기 시작했습니다. 계엄군에 맞서 가족과 이웃을 지키기 위해 자신들을 '시민군'이라고 칭하고 총기부터 장갑차까지 확보하여 계엄군의 공격에 맞섰습니다. 계엄군은 전략적으로 퇴각했고, 시민군은 전남도청을 장악하는 승리를 이루어냅니다.

그러나 이 과정에서 많은 사상자가 발생했습니다. 계엄군이 광주 시민에 대해 사격을 가했고, 무장하지 않았던 시민들은 갑작스러운 발포와 공격에 제대로 된 대응을 하지 못하고 희생될 수밖에 없었던 거죠. 국가가, 또한 국민을 보호해야 하는 군인들이 국민을 상대로 폭력을 행사하고 학살하는 일이 실제로 발생할 것이라고는 그 누구도 예상하지 못했을 겁니다.

계엄군이 일시적으로 퇴각한 이후, 광주 시민들은 자체 조직을 결성하여 5월 18일부터 시작된 유례없는 폭력적인 조치에 대응하고 광주를 재정비했습니다. 거리를 치우고, 밥을 지어 서로에게 식사를 제공하며, 부상자들을 위해 헌혈하는 사람들이 줄을 이었습니다. 도청 앞에는 계엄군에 의해 희생된 시민들의 시신을 담은 관을 놓고, 분향대를 마련하여 희생자들을 애도하며 다 같이 슬퍼했습니다. 그러나 이것이 광주의 참상이 다 끝난 후의 광경이 아니었다는 점, 또다른 항쟁의 시작이었다는 점을 생각하면 가슴 한구석이 아릿해져옵니다.

최후의 항쟁
광주 외곽으로 전략상 후퇴한 계엄군은 퇴각하면서 시내

로 들어오는 길목을 차단합니다. 그리고 계엄군을 이끈 신군부는 광주를 제외한 다른 지역에 광주를 '치안 부재 상태'라는 내용으로 조작 보도를 하고 광주 시민의 목소리와 계엄군의 행동을 은폐하려고 했습니다. 광주 시민들의 저항이 거셌기 때문에 계엄군 사령부는 광주 시민 대표들과 협상을 진행하였죠. 그러나 각각의 온도 차이로 인해 협상은 곧 결렬되고 말았습니다.

김성용 신부의 강론

1. 지금 우리는 네 발로 기어다녀야 하며, 개나 도야지와 같이 입을 먹이 그릇에 처박아 먹어야 하며, 짐승과 같이 살아가야만 한다. 폭력과 살인을 일상 밥 먹기처럼 하는 유신 잔당이 우리를 짐승같이 취급, 때리고 개를 죽이듯이 끌고 가고 찌르고 쏘았기 때문이다.

2. 두 다리로 걷고 인간다웁게 살려고 하면 생명을 걸고 민주화투쟁에 몸을 던져야 한다. 과거의 침묵, 비굴했던 침묵의 대가를 지금 우리들은 지불하고 있는 것이다.

3. 부산, 마산 사건에서 죽은 사람들은 유신괴수의 죽음으로 보상되었다. 그리고 유신괴수도 김재규 일당의 죽음으로 보상된 이때에 자유와 인격을 위하여 죽어간 많은 시민의 피도 보상되어야 한다.

4. 이제야말로 우리는 결단의 때를 맞이하였다. 비굴해져서 짐승같이 천한 생명을 유지할 것인가. 그렇지 않으면 인간다운 민주시민으로서

살기 위하여 생명을 걸고 싸워야 할 것인가.

_1980년 5월 25일에 대한 증언 자료

계엄군과의 줄다리기를 하던 5월 26일 새벽, 계엄군이 외곽도로를 봉쇄하고서 탱크를 끌고 시내로 진입하고 있다는 소식이 전해져옵니다. 소식을 들은 시민 대표들은 도로 위에 드러누우며 맨몸으로 탱크의 진입을 저지하려고 했지요. 이러한 시민들의 저항에 계엄군 사령부는 27일 새벽, 특공대를 투입합니다. 광주 시내 곳곳에서는 "계엄군이 쳐들어오고 있습니다. 시민 여러분! 우리를 잊지 말아주십시오!"라는 방송이 울려 퍼졌습니다.

곧이어 완전무장한 무려 2만 5천의 병력이 광주 시내로 쏟아져나와 대대적인 무력 진압을 시행했습니다. 전남도청을 사수하고 있던 시민군은 곧이어 싸늘한 주검이 되어 발견되었고, 광주를 점령한 계엄군은 광주 민주화 운동 관계자들을 샅샅이 조사해 연행했습니다. 광주의 함성은 이렇게 신군부 앞에 사그라지고 말았습니다.

외국인이 증언하는 80년 5월 광주
우리는 이제까지 일어난 다른 어떤 것보다 더 끔찍한 이야기를 듣기도 했다. 젊은 시위대의 말에 의하면 군인들이 공원에 남녀학생 시체들의 발을 묶어 거꾸로 매달아 놓았다는 것이다. 군인들이 시위대를 총검으로 찌르고, 여자들의 유방을 자르는 등 엄청난 폭력이 자행됐다고 했다. 우리가 학살에 대해서 더 자세히 안 것은 전남대병원에서였다. 입구 여기저기에 시체가 널려져 있어 전쟁을 방불케 했다. 사람들은 흥건히 고인 피 때문에 미끄러지곤 했다. 몇몇 사람들은 대부분 심한 총상을 입고 있었다. 거리에서 교전이 발생해 병원에 갇혀 있는 두 시간 동안 우리는 약 60명의 부상자를 보았다.

_필립 퐁스(프랑스 르몽드 기자), 『신동아』, 1989년 5월 기사

5·18 광주 민주화 운동은 이후에도 철저히 은폐되어 그 진상이 드러나지 못했습니다. 계엄군을 통해 광주 시민들을 처참히 학살한 신군부가 곧이어 집권했기 때문입니다. 신군부 세력을 이끌던 전두환은 유신 체제 위에서 11대 대통령에 취임했고, 민주화 운동에 적극적으로 가담하던 인사들을 내란죄로 처분해버렸습니다. 특히 김대중이 광주 민주화 운동의 배후로 지목되어 사형을 선고받기도 했죠.

광주에서 벌어진 참상이 6·25전쟁 이후 발생한 가장 끔찍한 양민 학살 사건임에도 불구하고 드러나지 못하고 왜곡되기까지 했던 것은 이후 전두환 정부가 들어서고 유지되는

과정과 맞닿아 있습니다. 당시의 피해 규모와 사상자, 가해자와 원인 등이 규명되기까지 20년에 가까운 시간이 걸렸는데, 이는 광주 민주화 운동 이후 8년 동안 또다시 전두환 대통령에 의한 독재 정권이 이어졌기 때문이지요.

군부 독재의 시작

광주 민주화 운동을 계기로 내부 반발을 진압하고 정권을 장악한 전두환은 곧이어 대통령에 취임합니다. 그런데 대통령 취임 과정에서부터 문제가 있었습니다. 당시 대통령을 뽑는 방식은 '통일주체국민회의'라는 기관에서 국민을 대신해 대통령을 선발하는 간접선거제였습니다. 통일주체국민회의는 박정희 대통령 때 유신헌법에 의해 생겨난 기관인데, 국민들이 통일주체국민회의에 속한 의원들을 뽑으면 뽑힌 의원들이 국회의원도 뽑고 대통령도 뽑는 구조였던 것이죠. 박정희 대통령의 권력 연장을 위한 수단으로 활용되었던 곳입니다.

전두환은 이러한 유신 체제를 활용하여 11대 대통령으로 취임하고는, 유신헌법을 수정하는 내용으로 헌법을 개정했습니다. 사법부와 국회의 권한을 원래대로 돌리고 대통령의 임기를 7년 단임으로 정했죠. 그러나 여전히 대통령을 뽑는 방식은 간선제였습니다. 국민이 직접 대통령을 선출할 수 없었던 것입니다. 그리고 유신헌법으로 독재가 진행되는 동안에 발생했던 인권 탄압, 부정부패 등에 대한 조사에 소극적으로 대처하면서 그나마 독재 정치의 청산을 기대했던 국민들마저 전두환 정부에 등을 돌리게 되는 결과를 낳게 되었습니다.

전두환 정부는 언론을 장악하기 위해 언론 통폐합을 지시합니다. 우선 기자를 비롯한 언론인에 대한 대대적인 검열 작업을 통해 반정부적 언론인 수백 명을 해직시키고, 유력 일간지를 폐간시키기도 합니다. 그리고 신문과 방송사를 통폐합해 방송 매체와 언론을 완전히 장악하는 데 성공했습니다. 전두환 대통령 당시의 뉴스를 '땡전뉴스'라고도 부르는데, 저녁 9시가 땡하고 울리면 전두환 대통령을 찬양하는 뉴스가 일제히 보도되던 광경을 희화화한 말입니다. 민주주의의 기본 권리인 언론의 자유가 묵살되기 시작한 것이지요.

또한 전두환 정부는 사회 교화를 명분으로 내세워 삼청교육대를 설치했습니다. 반사회세력을 교화시키기 위한 목적이었지만 실상은 반정부적 시위 참여자, 무고한 시민 등을 마구잡이로 검거하여 폭행과 고문을 행사하는 무자비한 인권 탄압의 상징이었습니다. 그뿐 아니라 반정부 인사를 고문하고 구속하는 등 정치적인 탄압을 계속했으며, 대통령 친인척과 관련된 거대 부정 비리를 양산하기도 했습니다.

삼청 교육대 생활 수칙

1. 선동 및 도망치는 자는 사살한다.

2. 수련생은 교육대 요원 명령에 절대 복종한다.

3. 음주 및 흡연을 금한다.

4. 신문, 잡지 구독 및 라디오, 티비 시청을 금한다.

5. 허가되지 않은 면회, 외출이나 외인 접촉을 금한다.

6. 동료 간의 언쟁 충돌, 기간 장병에 대한 반항자는 엄단한다.

7. 집단 행위를 금한다.

_피해자 여인 동의 수양록 노트, 『통합논술 개념어 사전』, 한림학사, 2007

그럼에도 불구하고 전두환 대통령의 재임 기간을 좋게 기억하는 분들도 있을 겁니다. 인권 탄압과 각종 자유의 제한 조치가 뒤따랐지만, 반면 경제 호황도 누렸기 때문이죠. 수출에 의존하고 있었던 우리나라의 경제가 전 세계적으로 저유가, 저달러, 저금리의 3저 호황을 만나며 고도성장하는 결과를 맞이하게 된 것입니다. 또한 국민들을 정치적 관심으로부터 떨어뜨리기 위해 프로야구, 컬러 텔레비전 등을 보급하기도 했죠. 국민들을 정치적으로 무관심하게 만드는 일종의 우민 정책정권과 정치에 대한 비판 능력을 약화시키기 위한 정책이었던 것입니다.

그렇지만 경제 성장은 어디까지나 세계 경제의 흐름과 각 분야에 있었던 노동자들이 일군 성과물이지, 전두환 대통령 개인의 업적이라고 말할 수는 없을 것입니다. 또한 언론 장악을 통해 좋은 성과만을 포장하고 광주 시민의 학살과 인권 탄압 등을 은폐하려고 했던 정부가 과연 좋은 정부라고 할 수 있을까요? 판단은 역사의 몫이자, 역사를 공부하는 여러분의 몫이 될 겁니다.

탁! 하고 치니 억! 하고 죽었다

시위에 대한 폭력 진압으로 출범한 전두환 정부 시기에는 각지에서 민주화에 대한 요구가 빗발쳤습니다. 특히 서울에 서는 대학생들을 중심으로 시위가 조직되고 진행되었죠. 대학생들은 전두환 정부의 탄압에 반대하며 끊임없이 저항을 했고, 정부는 관련 학생들을 수배자로 지정하고 체포하기 위해 총력을 기울였습니다. 그 과정에서 수배자의 소재지를 얻으려고 후배, 친구, 친인척 등을 불법으로 체포하여 고문하는 일까지 발생했는데, 그렇게 해서 잡혀간 사람 중 박종철 군이 있었습니다.

당시 남산 인근의 남영동에는 경찰청 산하의 대공 수사^공 산주의자를 조사함 기관이 있었습니다. 경찰은 서울대학교 학생 박종철을 불법으로 체포하여 각종 폭행과 전기고문, 물고문 등 참혹한 고문을 가했습니다. 고문을 견디지 못한 박종철은 1987년 1월 14일 509호 조사실에서 사망하고 말았죠. 그런데 경찰은 박종철 군의 사망을 단순 쇼크사로 발표합니다. 즉 경찰이 박종철 군에게 친구의 소재를 묻던 중 박 군이 갑자기 '억' 소리를 내면서 쓰러져 사망에 이르렀다는 것입니다.

지금 생각해봐도 믿기지 않는 해명이지만, 그건 당시에도 마찬가지였습니다. 당시 시체를 부검한 부검의의 증언이 있었고, 언론 등에서도 일시에 여러 의혹을 제기했지만, 경찰과 정부는 무성의한 해명만 내놓자 국민들의 분노는 들끓어 올랐습니다. 결국 5일 만에 물고문 사실을 시인하고는 관계자를 처벌하고 고문을 근절하겠다는 약속으로 상황을 무마하려고 했으나, 몇 달이 지나서야 사건에 가담한 사람을 축소 조작한 사실이 드러나면서 전두환 정부에 대한 규탄 시위가 이어지게 되었습니다.

박종철 군의 사망 소식이 전해진 이후, 전두환 정부의 해명 요구와 인권 탄압에 대한 규탄, 그리고 직선제 개헌에 대한 목소리가 높아졌습니다. 대통령을 간접적으로 뽑는 현재의 선거 구조에서는 국민들의 뜻이 제대로 반영되기 어렵다고 생각했던 것입니다. 그러나 전두환은 국민들의 민주화 요구를 묵살하고 군사 독재 정권을 지속적으로 유지하기 위해 개헌에 대한 논의를 금지시켜버립니다_{4·13 호헌조치}. 그러고는 이 문제에 대해 자신의 임기가 끝난 이후에 논의하라고 한 것이죠. 이러한 전두환의 태도는 국민들의 민주화 요구에 더욱 불을 지피게 되었습니다.

6월에 퍼진 함성

전두환 정부의 인권 탄압과 직선제 요구 무시 등으로 국민들의 분노는 극에 달했습니다. 거기에 박종철 군 사망에 대한 검찰의 발표가 조작, 은폐되었다는 제보가 발표되면서 정부 신뢰도는 바닥까지 떨어졌죠. 이로 인해 전두환 정부를 규탄하는 대규모 국민대회가 계획되었습니다. 날짜는 6월 10일, 박종철 고문치사 사건의 규탄과 직선제 개헌을 요구하는 전국 규모의 시위였습니다.

그런데 6월 10일을 하루 앞둔 6월 9일, 1천여 명의 연세대학교 학생들이 6·10대회를 하루 앞두고 학교 앞 정문에서

박종철 군이 사망한 다음 해인 1988년 2월 26일, 살아서 함께하지 못한 서울대학교 졸업식

시위를 벌이던 중, 시위에 참가했던 경영학과 2학년 이한열 군이 경찰이 발포한 최루탄에 맞아 쓰러졌습니다. 바로 병원으로 옮겼으나 그해 7월에 사망하고 말았습니다. 민주화에 대한 열망이 고조되고 있었던 당시 상황에서 전두환 정부의 폭력적인 진압과 이한열 군의 사망은 국민들의 공분을 샀고 국민들의

최루탄을 맞고 쓰러진 이한열 군과 그를 지탱하고 서 있는 이종창 군

항쟁은 걷잡을 수 없이 전국으로 확대되어 나갔습니다.

6월 10일을 기점으로 6월 동안 전국 33개 도시에서 하루 100만 명에 달하는 군중이 시위를 벌였습니다. 많은 국민들이 전두환 정권의 퇴진과 직선제 개헌을 부르짖으며 거리로 나섰지요. 6월 항쟁이 정점에 이르게 되자 전두환 정부는 수습을 위해 노태우를 앞세워 직선제로의 개헌을 약속하는 6·29선언을 발표하게 되었습니다. 당시 노태우는 민주정의당의 대표였으나 전두환과 함께 군사 쿠데타를 일으킨 신군부의 핵심 세력이었기 때문에 국가 권력이 전두환에서 노태우로 넘어갔다고 평가하기도 합니다.

다만 결과가 그렇다고 해서 그 의의마저 퇴색되어서는 안 됩니다. 직선제로의 개헌과 전두환 정권의 퇴진은 민중의 힘으로 이루어낸 하나의 성과였으며, 독재 정권 속에 묻혀 있던 민주주의를 수면 위로 끌어당긴, 민주주의 역사상 아주 큰 발걸음이라고 할 수 있겠습니다.

민주화 투쟁 과정에서 희생된 박종철 열사와 이한열 열사, 그리고 그 자리에 있었던 수많은 민주 열사들 덕분에 우리가 대통령을 직접 뽑을 수 있는 권한과 기본적인 인권, 언론의 자유를 누릴 수 있게 되었다고 볼 수 있습니다. 그리 오래지 않은 수십 년 전의 일이지만, 현재 우리가 누리고 있는 많은 권리와 민주주의를 되찾기 위해 치열하게 항쟁했던 당시 사람들의 이야기를 우리는 잊지 말아야 하겠습니다.

우리는 역사의 관찰자이기 전에
우선 역사적인 존재다.

빌헬름 딜타이, 철학자

전태일 분신자살 사건   1970년 11월 13일, 서울 평화시장 노동자 전태일이 열악한 노동 조건에 항거하여
근로기준법 준수를 외치며 분신자살한 사건. 한국 노동운동사에 한 획을 그은 사건이며, 이후 현대 노동 운동의
출발점이 되었다.

어쩌면 우리와 가장 가까운 이야기, 노동 운동과 전태일

현대에는 많은 사람들이 정해진 시간에 출근을 해서 정해진 일을 하고 그 대가를 받으며 생활하고 있습니다. 이러한 활동을 '노동'이라 하고 노동을 하는 사람을 '노동자'라고 표현하죠. 지금과 같은 형태는 아니었어도, 인류가 노동자로서 노동력을 제공하고 그에 대한 대가를 받은 역사는 꽤 오래되었습니다. 물론 노예제가 있었던 시기에는 노동을 하던 계층은 주로 노예였습니다. 그러나 이후 신분제가 철폐되고 근대 사회로 이행하면서 노동에 대한 대가를 지급받는 사람이라면 모두 노동자가 될 수 있었습니다.

그런데 이상하게도 우리나라에서 '노동'보다도 '근로'라는 말이 더 많이 쓰이고 있습니다. 노동이라는 말이 생활에 필요한 물자를 얻기 위해 일을 하는 것을 의미한다면, 근로는 부지런히 일한다는 뜻을 담고 있습니다. 아무래도 '근로'라는 표현은 노동자의 입장보다는 고용주의 입장이 강하게 반영된 것이 아닌가 합니다.

국민 대부분이 노동에 종사하고 있지만, 노동 문제와 노동자의 인권에 대해서는 제대로 접할 기회가 많지 않습니다. 심지어 노동자라는 단어마저 약간은 낯설게 느껴지기도 합니다. 스스로 용돈을 벌고자 아르바이트를 시작하는 어린 학생들도 점차 늘어나는 상황에서, 우리는 노동이 무엇인지, 어떤 역사를 거쳐 노동 환경이 개선되어 왔는지 차근차근 알아보는 시간을 가져볼 필요가 있을 듯합니다.

노동자는 어디에 있었는가?

독재에 맞선 민주화 투쟁과 눈부신 경제 발전이라는 파란만장한 현대사를 거치며 우리가 알아야 할 역사 속 주연들은 전부 역사의 표면에 기록되어 있습니다. 역사는 선별적이고 차별적인 측면이 있어서, 당시 역사 서술의 주체들이 선택한 내용들만 표면에 기록되고, 그리 중요하지 않다고 생각되는 부분들은 때로 소외되곤 하거든요. 노동자들의 역사도 마찬가지입니다. 물론 적지 않은 연구 성과가 있지만 노동자가 역사 발전의 주체였음을 생각해본다면 아직도 그에 대한 관심은 저조한 편이지요.

6·25전쟁 이후, 대한민국의 경제 성장은 '한강의 기적'이라고 불릴 정도로 눈부신 성과를 보였습니다. 물론 정부의 주도하에 이루어진 경제 성장이었으나, 그 바탕에는 노동자에 대한 저임금 정책과 열악한 노동 환경 속에서도 끊임없이 자신의 성과를 일구어낸 노동자들의 노력이 있었습니다. 또한 노동자들은 지속적으로 자신의 목소리를 내며 노동 환경을 개선해온 역사의 주체였지요.

그러나 1948년 정부 수립 이래로 1980년대까지도 노동자들에 대한 정부의 조치는 '저임금정책'이었습니다. 기술력을 확보하지 못한 국가로서 세계 시장에 경쟁력 있는 제품을 내놓기 위한 하나의 방편이 바로 값싼 노동력이었던 것입니다. 국내 시장에서 저임금으로 노동력을 확보해 값싼 물건을 만들어내고, 그것을 국제 시장에 수출함으로써 경제 발전을 위한 동력을 확보해나간 거예요. 수십 년간 노동자들은 최저 수준의 임금을 받으며 노동력을 제공해야 했고, 국가 경제 발전과 기업의 성장을 위해 이러한 저임금 정책은 오랫동안 아주 당연하게 여겨져왔습니다. 그런데 경제가 어느 정도 성장한 이후에는 노동자의 처우도 응당 개선되어야 하건만, 노동 환경을 개선하고 인권을 지키려는 노동자들의 움직임은 철저히 탄압받았습니다.

혹시 '노동3권'이라고 들어보셨나요? 노동자가 인간다운 생활을 할 수 있도록 헌법이 보장하는 3가지의 중요한 권리입니다. 노동조합을 결성하여 사측과 맞설 수 있는 단결권, 사측과 교섭을 할 수 있는 단체교섭권, 노동자의 의사가 관철되지 않을 경우 자신들의 의사를 표명할 수 있는 단체행동권이 바로 노동3권입니다. 그러나 헌법에도 명시된 노동자의 권한이 제대로 보장되어왔다고 보기는 어렵습니다. 오히려 적법한 권리를 행사하려던 노동자들에 대한 탄압이 빈번히 발생했죠.

어떤 분들은 경제 성장이라는 결과를 위해서는 노동자의 인권 문제는 불가피했다고도 보기도 합니다. 혹은 경제 성장이라는 큰 목표를 이루었기 때문에 작은 문제들은 덮어두어도 괜찮다고 하는 분들도 계시겠죠. 그러나 저는 개인적으로 우리 스스로가 반성할 필요가 있지 않나 하고 생각해봅니다. 우리 사회의 구성원인데도 노동자의 권리에 다소 무심

했던 것은 아닌가 하고요. 인간의 기본권 보장을 바탕으로 하는 민주사회에서 노동자들 역시 권리를 보장받아야 하는 거죠. 우리 대부분이 바로 노동자이기도 하니 말입니다.

자, 그러면 한국 현대사에서 노동자들이 어떠한 처우 속에서 노동을 해왔고, 어떠한 대우를 받았는지, 그리고 우리는 노동자로서 어떠한 목소리를 내왔는지를 본격적으로 알아보도록 하겠습니다.

한강의 기적, 그 빛과 그림자

1960~70년대, 전 세계적으로 유례없는 고도의 경제 성장을 누리면서 한국 사회는 많은 변화를 겪었습니다. 우선

1960년대. 청계천변을 따라 늘어서 있는 판자촌

많은 사람들이 일자리를 찾아 도시로 모이는 이촌향도離村向都 현상과 빈부격차가 사회 문제로 대두했죠. 또한 눈부신 경제 성장의 성과와는 반대로 도시 빈민의 삶과 노동자에 대한 처우는 열악 그 자체였습니다.

당시 도시로 몰려든 노동자들은 청계천 판자촌이나 공장 근처 쪽방에서 생활하며 하루 14~16시간 정도 노동하고 한 달 월급으로 1500원을 받았습니다. 한 달에 쉬는 날은 고작 하루. 그랬기에 월급은 일당으로 치면 50원. 커피 한 잔 가격이었습니다. 대부분의 노동자들은 가난 때문에 학교에 다니지 못하고 가족의 생계를 위해 돈을 벌려고 도시로 향한 중학생 나이의 어린 소녀들이었습니다.

경부고속도로 개통

그러나 표면적으로는 국가 주도의 경제 개발 5개년 계획의 성공과 한강의 기적으로, 6·25전쟁 이후 어려운 경제 상황을 극복하고 올라선 눈부신 경제성과가 강조되었습니다. 이것은 박정희 정부의 경제 성장 신화로, 강력한 정부가 이끌었던 경제 개발 덕분에 현재의 대한민국이 탄생하게 되었다고 이해되어 왔습니다. 국가의 성장을 위해서는 국민이 하나로 단결해야 하고, 그 과정에서 누군가의 희생은 불가피하다는 생각이 용인되던 시절이 아니었나 싶습니다.

물론 경제 발전으로 인해 1970년대에는 생활도 무척이나 달라졌습니다. 도시로 인구가 몰리며 아파트 단지가 생겨나고, 지방과 서울을 연결하는 경부고속도로가 개통되었습니다. 또한 수출 100억 달러를 달성하는 등, 현재의 대한민국에 한 발 더 가까워지게 된 것은 사실입니다. 그러나 그 이면에는 열악한 환경 속 저임금에 시달리며 제대로 된 대우를 받지 못했던 소외된 노동자가 있었다는 것을 잊으면 안 되겠죠. 경제 개발이라는 빛에 가려졌던 노동자들의 외침은 이 청년에 의해서 다시금 조명을 받았습니다. 모두가 기억해야 하는 그 이름, 아름다운 청년 전태일입니다.

아름다운 청년, 전태일

1970년 11월 13일, 가을에서 겨울로 넘어가던 어느 날 스물두 살의 젊은 청년은 자신의 몸에 석유를 끼얹고 스스로에게 불을 붙였습니다. 그가 죽어가면서 외친 말은 "우리는 기계가 아니다", "근로기준법을 준수하라", "내 죽음을 헛되이 하지 말라"였습니다. 그 사람이 바로 서울 청계천 평화시장의 노동자였던 전태일이었습니다.

전태일이 분신했던 당시는 5·16 군사정변을 통해 권력을 잡은 박정희 대통령이 수출을 중심으로 하는 경제 개발을 추진하던 때였습니다. 기술 발전이 취약하던 때였으므로 제품 경쟁력을 위해서는 값싼 노동력이 필요했고, 특히 여성 노동자의 저임금, 장시간 노동에 의존하는 구조가 발생한 것입니다. 정부가 대기업의 성장을 위해 기업에 많은 특혜를 부여하는 동안, 내부 중소기업은 별다른 혜택을 부여받지 못한 채 노동자들에게 과도한 근무, 적은 임금을 부과하는 형태로 이득을 도모했습니다. 노동법이 있다 하더라도 노동자는 법의 보호를 받지 못하고 무방비로 착취에 노출되고 있었습니다.

> 다 같은 인간인데 어찌하여 가난한 자는 부유한 자의 노예가 되어야 합니까? 왜 가장 청순하고 때 묻지 않은 어린 소녀들이 때 묻고 부한 자의 거름이 되어야 합니까? 사회의 현실입니까? 빈부의 법칙입니까?
>
> _전태일의 1970년 초의 초고

전태일이 일했던 평화시장은 2만 명의 노동자가 일하던 의류제조 공장의 밀집 지역이었습니다. 소규모 공장 800여 개가 밀집해 있었기 때문에, 임대료를 절약하기 위해 작업장은 제대로 서서 움직일 수도 없는 좁은 공간이 대부분이었습니다. 그로 인해 여성 노동자들은 폐결핵, 각기병⁺, 다리에 신경염이 생겨 통증이 심하고 붓는 부종이 나타나는 질환 등에 시달렸고, 병에 걸리지 않은 건강한 여성 노동자가 드물 정도였습니다.

　이러한 평화시장에 미싱사_{의복을 조립하고 부착하기 위하여 재봉틀을 조작하}
_{는 일}로 취직한 전태일은 자신과 비슷한 처지이지만 나이가 어
린 10대 소녀들의 노동 환경에 깊은 안타까움을 표하며, 굶
주린 소녀들에게 풀빵을 사주고 그들의 생활을 돌봐주었습
니다. 그러던 중 비참한 노동 환경을 조금이나마 개선하려면
본인이 높은 직책에 있는 것이 좋을 것이라 생각하고는, 미
싱사를 그만두고 기술을 익혀 옷감을 치수에 맞춰 자르는
역할을 하는 재단사가 되지요. 그런데도 비참한 노동 환경
을 개선하기는 너무나 어렵다는 사실을 깨닫게 됩니다.

　이후, 노동 환경을 개선하기 위해서는 노동자들의 단결과
조직이 필요하고, 그러한 노동 조직이 법으로 인정되어 있다
는 것을 알게 된 전태일은 끼니를 거르면서까지 모은 돈으로
근로기준법 서적을 구입했습니다. 그러나 초등학교를 졸업하
지 못한 전태일에게 법에 대한 이해는 쉬운 일은 아니었습니
다. 전태일은 자신이 잘 모르는 부분은 주변에 물어가며 공
부하고 노동자 모임을 조직했습니다. 조직의 이름은 '바보
회'. "나라가 법으로 보장한 노동 조건조차 얻어내지 못하고
죽은 듯이 혹사당하며 살아온 평화시장 일대의 모든 노동자

들이 바보"였기 때문에 붙인 이름이었습니다.

바보회를 조직하고 평화시장 일대의 노동자들에게 근로기준법과 노동 환경의 개선을 위한 운동에 동참할 것을 촉구했던 전태일은 얼마 안 가 요주의 인물이 되며 직장에서 쫓겨나게 됩니다. 그렇지만 노동자의 인권을 향한 전태일의 목소리는 여기서 꺼지지 않았습니다. 오히려 노동자들의 요구 조건을 모아 시위를 주도하기도 하고, 방송사를 찾아가거나 기자들을 만나며 자신들의 처지를 호소했습니다. 노동청에 진정을 내기도 했습니다. 그러나 모두 노동자의 비참한 상황과 처지에 무관심하거나 기업과 결탁하여 귀기울여주지 않았죠. 결국 23세의 전태일은 스스로 평화시장의 불꽃이 되어 노동자들의 열악한 처지를 알리게 되었습니다.

존경하시는 대통령 각하

옥체 안녕하시옵니까? 저는 제품(의류) 계통에 종사하는 재단사입니다.

(…) 그러나 저희들은 근로기준법의 혜택을 조금도 못 받으며 더구나 2만여 명을 넘는 종업원의 90% 이상이 평균 연령 18세의 여성입니다. 기준법이 없다고 하더라도 인간으로서 어떻게 여자에게 하루 15시간의 작업을 강요합니까?

(…) 저희들의 요구는

1일 14시간의 작업 시간을 단축하십시오.

1일 10시간 ~ 12시간으로,

1개월 휴일 2일을 일요일마다 휴일로 쉬기를 희망합니다.

건강진단을 정확하게 하여 주십시오.

시다공의 수당 현 70원 내지 100원을 50% 이상 인상하십시오.

절대로 무리한 요구가 아님을 맹세합니다.

인간으로서의 최소한의 요구입니다.

기업주 측에서도 충분히 지킬 수 있는 사항입니다.

_전태일이 박정희 대통령에게 보낸 편지, 1969년 3월

전태일의 분신은 당시 독재와 투쟁하며 민주화 운동에 열중했던 지식인들과 학생들에게 많은 울림을 주었습니다. 또한 노동 문제에 제대로 된 관심을 가지지 못한 지식인층의 반성이 이어지기도 했어요. 이를 계기로 더 이상 노동문제는 노동자 개인의 문제가 아니라, 국민 개개인이 생존하고 사람답게 살기 위한 사회 전체의 문제로 확대되어간 것이죠.

6·25전쟁 이후 노동 운동에 동참했던 많은 노동자들이 공산주의자로 몰려 제대로 된 삶을 영위할 수조차 없는 공

포를 겪어왔는데, 전태일의 죽음으로 노동자들은 스스로 노동 운동의 전면에 등장하게 되었습니다. 노동조합의 창설이 이루어지고 노동자의 권리를 찾기 위한 노동쟁의 발생 건수가 급격히 늘어나게 됩니다.

전태일은 임종 직전 어머니인 이소선 여사에게 "내가 못다 이룬 일, 어머니가 꼭 이루어주십시오"라는 부탁을 남깁니다. 전태일의

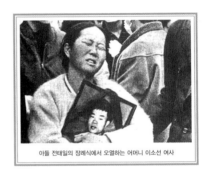
아들 전태일의 장례식에서 오열하는 어머니 이소선 여사

어머니였던 이소선 여사는 이때부터 노동 운동가의 삶을 살며 아들의 뜻을 이루기 위해 노조를 결성하고 의지할 데 없는 노동자들의 버팀목이 되어주기도 하고, 정부의 탄압에 맞서며 징역을 살기도 하는 등, 전태일의 어머니가 아니라 '노동자들의 어머니'가 되어 평생을 노동 운동에 몸담으셨다가 2011년에 타계하셨습니다. 그런 이소선 여사가 남긴 말은 우리에게 많은 생각을 하게 합니다.

"나는 올 때까지 와서 이달에 갈지 훗달에 갈지 몰라. 갈 데 안 갈 데 다녔는데… 변한 게 없어서… 우리 아들한테 가서 할 말이 없어서 큰 일인기라."

故 이소선 여사

여성 노동자들의 삶

1960년대의 경제 개발은 경공업 중심이었습니다. 가발이나 의류 등 상대적으로 가볍고 빨리 만들 수 있는 제품을 수출하여 이윤을 남기는 것이었는데, 이런 산업에는 대체적으로 저임금으로 노동할 수 있는 어린 여성 노동자를 고용하였죠. 그렇기에 60년대에서 70년대에 이르기까지 이룩한 경제 발전의 주체는 여성 노동자라고 해도 과언이 아닙니다. 하지만 그 어린 소녀들이 기업가들로부터 당한 착취는 견디기 힘든 정도였고, 전태일은 그러한 상황을 비판하며 현실을 개선하기 위해 분신까지 하게 된 것이죠. 과연 당시 여성 노동자의 현실은 어떠했을까요?

대부분의 여성 노동자들은 초등학교 졸업장도 따지 못한 채로 농촌에서 서울로 올라온 10대 소녀였습니다. 가족의 경제를 부양해야 한다는 비슷한 부담을 갖고 상경하거나 일찍부터 공장에 취업한 것이었죠. 아무런 직업 교육도 받지 못한 소녀들이 할 수 있는 일은 그다지 많지 않았습니다. 대부분이 공장에서 가장 말단직인 '시다 _{보조원을 속되게 이르는 말}'로 근무하게 됩니다.

소녀들은 오전 8시에 출근해 일을 하다가 짧은 점심시간 후에 밤 11시 넘어서까지 일을 해야 했습니다. 쉬는 날은 한 달에 하루 이틀 정도였는데, 이마저도 일이 바쁜 경우에는 휴일을 반납하고 새벽 두세 시까지 쪽잠을 자며 일하기도 했죠. 월급은 적게는 700원을 받기도 했습니다. 당시 버스 요금이 10원이었으니 출퇴근을 하고 집에 보태는 돈을 생각하면 손에 떨어지는 돈은 거의 없었을 겁니다.

당시 미혼 여성들이 주로 일했던 시내버스 차장들의 월급 역시 700원 수준이었다. 여차장들은 1966년 당시 쌀 1가마 값이 3400원인데, 월 700원의 임금으로 하루 17시간의 중노동을 하면서 몸수색 등의 인권 유린을 당해왔던 사실을 항의하였다.

_한국노총, 『한국노동조합운동사』, 1979

한창 성장기의 나이인데도 끼니를 제대로 챙겨 먹기도 힘들었을 겁니다. 부실한 도시락이나 빵 한 조각 등으로 근근이 끼니를 때우며, 병원에 제때 가기는커녕 일을 하다 쓰러져

야만 비로소 처음 병원에 가보는 경우도 많았습니다.

> 나는 정신을 차리고 보니 병원 침대였다. 의사가 진찰한 결과 영양실
> 조라 하였다. 주사를 맞고 의식을 회복하니 의사 선생이 충분한 휴식
> 과 영향을 섭취하라 하였지만 겨우 하루를 쉬고 나서는 다시 일을 하
> 러 나가야 하였다.
>
> ─유동우, 『어느 돌멩이의 외침』, 청년문학, 1984

경제 발전의 동력은 노동자들이었습니다. 그러나 전반적인 사회 분위기가 '일은 시키는 대로, 월급은 주는 대로'였고, 정부, 기업, 자본가가 이득을 얻기 위해 노동자를 저임금으로 혹사시키는 구조는 갈수록 굳어져갔습니다. 그 과정에서 가장 큰 피해를 보았던 사람들이 노동자, 그중에서도 어린 나이의 여성 노동자들이었습니다.

꿈 많고 순수한 소녀 시절에 가족의 생계 부담을 떠안고 희생하며 국가 발전을 위해 노력했지만, 정작 이들이 맞닥뜨린 것은 장시간의 고된 노동과 갖가지 질병이었습니다. '공순이(공장에서 일하는 여자를 낮잡아 이르는 말)라는 별명에서 알 수 있듯 여성 노동자들의 사회적 위치는 매우 낮았죠. 방송 매체를 통해 전해지는 도시의 화려한 삶과는 반대로 형언할 수 없는 고

된 삶을 살고 있었던 것입니다.

그런 환경 속에서도 여성 노동자들은 학업에 대한 열망으로 '노동 교실'에서 못다 한 학업을 이어가기도 했고, 스스로 책을 사서 공부하며 더 나은 환경을 꿈꾸기도 했습니다. 그리고 노동조합에 가입해 자신의 노동권을 위해 투쟁하면서 '시다'나 '미싱사'가 아니라 자신의 이름을 되찾아가기도 했습니다. 학업에 대한 열망은 있었으나 학교도 졸업 못하고 자신의 이름도 잊은 채로 공장의 부품으로 일해야 했던 당시 여성 노동자들의 삶을 되짚어보며, 현재 우리는 어떠한 생각을 해야 할까요?

현재, 그리고…

물론 1960~70년대 당시에는 남녀 가릴 것 없이 열악한 노동 환경에서 노출되어 있었던 게 사실입니다. 그중에서도 이 챕터에서는 특히 사회의 보호를 받아야 하는 어린 소녀들이 처해 있던 혹독한 상황에 주목해보았습니다. 여성 노동자들이 공장으로 내몰려 제대로 못 먹어가며 혹사당하는 상황을 개선하고자 전태일은 스스로 불꽃이 된 것이죠.

전태일의 분신은 노동자들에게 잊지 못할 하나의 연결 고리를 만들어주었습니다. 평화시장을 중심으로 많은 노동자들은 전태일의 죽음을 진심으로 애도하며 노동조합을 만들고, 근로기준법이 보장하는 자신들의 권리를 찾기 위해 노력했습니다. 우리가 잘 모르는 곳에서 오랜 시간에 걸쳐 이루어진 투쟁으로 조금씩 노동자의 권리가 신장된 셈입니다.

벌써 전태일 열사가 사망한 지 50년 가까운 시간이 흘렀습니다. 전태일은 지금으로서는 당연해진 1일 10시간의 근무, 정기적인 휴일, 건강진단을 해줄 것을 외쳤던 아름다운 청년의 모습으로 우리에게 남아 있습니다. 그러나 50여 년이 지난 현재도 그가 원했던 세상은 아닐지 모릅니다. 아직도 많은 사람들이 불리하거나 열악한 상황에서 노동하는 현실을 떠올려보면 문득 그런 생각이 듭니다. 전태일이 목숨 걸고 외치던 과거에서 현재의 우리는 얼마나 더 나아간 것일까요?

어디에 속해 일을 하는 순간, 우리는 언제든 노동자가 됩니다. 그러나 내 경우가 아니면 노동자로서 겪는 현실에 관심가지기 쉽지 않죠. 그럴 때마다 공장 한 구석에서 그림자처럼 열심히 일했지만 사회의 관심에서 소외되어갔던 노동자들과 그들을 위한 불꽃이 되고 싶었던 전태일을 떠올려보는 건 어떨까요? 현재 우리가 누리고 있는 것들이 누군가의 목숨을 건 투쟁으로 이루어졌음을 안다는 것만으로도 희망 찬 미래가 있으리라 장담합니다.

성장해가는 여러분의 어린 자녀들은 하루 15시간의 고된 작업으로 경제발전을 위한 생산 계통에서 밑거름이 되어왔습니다. (…) 이런 순진하고 사랑스러운 동심들을 사회생활이라는 웅장한 무대는 가장 메마른 면과 가장 비참한 곳만을 보여주고 있습니다. 메마른 인정을 합리화시키는 기업주와 모든 생활 형식에서 인간적인 요소를 말살당하고 오직 고삐에 메인 금수처럼 주린 창자를 채우기 위하여 끌려 다니고 있습니다.

곧 그렇게 하는 것이 현 사회에서 극심한 생존 경쟁에서 승리한다고 가르칩니다. 기업주들은 어떠합니까? 아무리 많은 폭리를 취하고도 조그만한 양심의 가책을 느끼지 않습니다. 합법적이 아닌 생산공들의 피와 땀을 갈취합니다. 그런데 왜 현 사회는 그것을 알면서도 묵인하는지 저의 좁은 소견은 알지를 못합니다.

_전태일, 근로감독관에게 보내는 편지, 1969년 12월

1. 100만 인구로 2억을 지배하다, 몽골의 침입과 항전

1) 중세 유럽의 기사: 이내주, 『서양 무기의 역사』, 살림지식총서 249, 살림

2) 몽골 기병: 작자 미상

3) 항몽순의비: 두산백과사전 두피디아

2. 이성계가 말 머리를 돌리던 그날 1

1) 위화도: 작자 미상

2) 공민왕이 원나라를 몰아내며 수복한 지역: 고등학교 한국사 교과서,

㈜비상교육

3) 최영 장군 묘: 두산백과사전 두피디아

3. 이성계가 말 머리를 돌리던 그날 2

1) 선죽교: 고등학교 한국사 교과서, ㈜비상교육

4. 교과서 밖의 진짜 임진왜란 이야기 1

1) 임진왜란 당시 왜군의 침입경로: 타임스페이스

2) 판옥선: 두산백과사전 두피디아

5. 교과서 밖의 진짜 임진왜란 이야기 2

1)「기복수직교서」: 문화재청

2) 임진왜란 해전도: 고등학교 한국사 교과서, ㈜삼화출판사

6. 그곳에 학생들이 있었다 3·1운동

1) 3·1운동 당시 봉기 지역: 독립기념관 도록

2) 제암리 학살 현장:『한국독립운동사』, 눈빛

3) 이화학당 시절 유관순:『사진으로 보는 독립운동 上』, 서문당

4) 유관순 열사의 서대문형무소 수형자 기록표: 국가보훈처 공훈심
사과 채순희 사무관

7. 누가 방아쇠를 당겼는가? 민족의 비극 6·25전쟁

1) 애치슨 선언: 고등학교 한국사 교과서, ㈜지학사

2) 전쟁고아들: 좌 김원일 외, 『나를 울린 한국전쟁 100장면』, 눈빛

우 『대한민국 50년 우리들의 이야기』, 조선일보사

8. 그리 멀지 않은 이야기, 민주화 운동 1

1) 거리로 나온 학생들과 교수들: 연합뉴스

2) 유신헌법 공포식: 연합뉴스

9. 그리 멀지 않은 이야기, 민주화 운동 2

1) 계엄군과 대치 중인 광주 시민들: 연합뉴스

2) 박종철 군의 서울대학교 졸업식: 연합뉴스

3) 이한열 군: 출처 미상

10. 어쩌면 우리와 가장 가까운 이야기, 노동 운동과 전태일

1) 청계천 판자촌: 연합뉴스

2) 경부고속도로 개통: 출처 미상

3) 이소선 여사: 출처 미상

통일로 떠나는 한국사 대모험

설민석의
통일 대모험 상 하 (전 2권 완결)

한 걸음 앞으로 다가온 한반도 통일 시대,
어린이들의 물음에 설민석 선생님이 대답합니다!

분단의 원인과 과정부터 통일 한반도의 미래까지

통일을 향한 올바른 지식과 객관적인 시각을 담았습니다.

'사건의 내용'을 함께 담아 더욱 편리한
『설민석의 첫출발 한국사 연표』
(보급판)

선사 시대부터 근현대사까지,
3장의 연표로 한국사의 흐름을 알 수 있습니다!

설쌤과 함께
역사 여행을
떠나요!

설민석의 한국사 대모험 시리즈는 계속 출간됩니다♪

설민석의 무도 한국사 특강
미니북 세트 2권 : 사건 편
ⓒ설민석 2016

1판 1쇄 발행 2016년 7월 26일
2판 1쇄 발행 2019년 11월 11일

지은이 설민석
펴낸이 황상욱

기획 황상욱 윤해승 **편집** 윤해승 이은현
디자인 최정윤 **마케팅** 최향모 이지민
일러스트 홍원표
제작 강신은 김동욱 임현식 **제작처** 영신사

펴낸곳 (주)휴먼큐브
출판등록 2015년 7월 24일 제406-2015-000096호
주소 10881 경기도 파주시 회동길 455-3 3층

문의전화 031-8071-8685(편집) 031-8071-8670(마케팅) 031-8071-8687(팩스)
전자우편 byvijay@munhak.com

트위터 @humancube44 **페이스북** fb.com/humancube44